Codex
Hammurabi

Codex Hammurabi

Die Gesetzesstele Hammurabis

Von Dr. Wilhelm Eilers

marixverlag

Bibliografische Information der Deutschen Nationalbibliothek
Die Deutsche Nationalbibliothek verzeichnet diese Publikation in der Deutschen Nationalbibliografie; detaillierte bibliografische Daten sind im Internet über
http://dnb.d-nb.de abrufbar.

Das Buch wurde neu gesetzt, behutsam revidiert und überarbeitet nach der 5. Auflage der Ausgabe Leipzig 1932
Covergestaltung: Nicole Ehlers, marixverlag GmbH
Bildnachweis: akg-images, Berlin
Lektorat: Patrich Eggenspieler, Wülfrath und Dr. Lenelotte Möller, Speyer
Satz und Überarbeitung: Medienservice Feiß, Burgwitz
Der Text wurde in der Stempel Garamond gesetzt
Gesamtherstellung: GGP Media GmbH, Pößneck
Printed in Germany

ISBN: 978-3-86539-203-9

www.marixverlag.de

Inhalt

Einführung

Von Wilhelm Eilers

Die Entdeckung der großen Gesetzesinschrift König Hammurabis ist den französischen Ausgrabungen zu danken, welche während des Winters 1901/02 auf dem Boden der alten Elamiterhauptstadt Susa im heutigen Chusistan stattfanden[1]. Hier, wo seit alters babylonische Kultur in Schrift und Sprache Einzug gehalten hatte, war der Gesetzesstein als Siegestrophäe, erworben auf erfolgreichem Beutezug in die üppige Ebene des Iraq, von einem der kriegerischen Könige des Berglandes[2] aufgestellt worden, und noch heute zeugen sieben ausgemeißelte Kolumnen[3] für die ursprüngliche, indes nicht verwirklichte Absicht des Siegers, eine eigene Triumphinschrift an deren Stelle zu setzen[4]. Die weit über mannshohe Stele[5] aus schwärzlichem Diorit, einem im steinlosen Babylonien kostbaren Material, ist über und über mit den querliegenden Kolumnenstreifen des Textes bedeckt, die am letzten oberen Viertel durch ein Relief unterbrochen werden, den König in Gebetshaltung vor dem göttlichen Gesetzge-

1 Délégation en Perse, Mémoires publiés sous la direction de M. J. de Morgan, tome IV: Textes Élamites-Sémitiques, II. série, par V. Scheil. Paris 1902.

2 Wohl von Šutruk-Nahhunte (etwa 1200-1168).

3 Zu einem größeren Teile als bisher schließt jetzt die Lücke eine weitere der vor Zerstörung der Kolumnen genommenen Abschriften: UM (University Museum, Babylonian Section) V 93 aus Nippur. Für nicht erklärte Abkürzungen s. das Verzeichnis der Zeitschrift für Assyriologie (ZA).

4 AO 4 (1903), 4³ S. 6.

5 Sie hat die Gestalt der späteren Kudurrus (Landbelehnungsurkunden).

ber und Richter Schamasch darstellend[6]. Jetzt steht der Stein im Louvre, aber fast jedes größere Museum hat unter seinen orientalischen Antiken eine genaue Nachbildung.

Der Fund dieses wichtigen Denkmals war für die Kunde des alten vorderen Orients ein unschätzbarer Gewinn, der in erster Linie der Assyriologie als Sprachwissenschaft zugute kam. Hatte die, wie wir jetzt wissen, verwilderte und in graphischen Konventionen erstarrte Sprachgestalt der bis dahin hauptsächlich bekannten Inschriften und Tafeln der assyrisch-babylonischen Spätzeit vom Aufbau des sprachlichen Organismus nur eine ungenügende Vorstellung vermitteln können, so wurde mit Hammurabis Gesetzesstele das „klassische" Akkadisch bekannt[7]. Gehen wir den Ursachen nach, die das Gesetzeswerk Hammurabis zum Muster sprachlichen Ausdrucks und zur Grundlage für dessen wissenschaftliche Erkenntnis machen, so sind es vorwiegend diese: ein äußerlich mit aller kalligraphischen Sorgfalt und fast durchgehend phonetisch geschriebener Text, der eine noch nicht durch starre Schreibgepflogenheiten verdeckte, in archaischer Reinheit erhaltene Sprache lautgetreu (soweit dies die Keilschrift vermag) wiedergibt. Dazu kommt noch ein Weiteres: Die ganze an der Klarheit des sumerischen Sprachtypus geschulte Inschrift ist stilistisch bis ins Feinste durchgefeilt und von einer Glätte, welche die Sprache zu wirklichem Klang erhebt. Dies gilt insbesondere von dem längeren Proömium[8] und dem Schluß,

---

6 Zur Abbildung: H. GRESSMANN, Altorientalische Bilder zum Alten Testament[2] (1927) S. 91. Unser Titelbild gibt den oberen Teil der Stele wieder.

7 Eine Gegenüberstellung der zweiten Auflage von Friedrich DELITZSCHS Assyrischer Grammatik mit Arthur UNGNADS kleiner auf sorgfältiger Sprachbeobachtung des neuen Denkmals fundierter Babylonisch-assyrischen Grammatik, beide Ostern 1906 erschienen, zeigt die Bedeutung des Fundes für die semitische Philologie.

8 Es ist (trotz der in unserer Übersetzung verwendeten Interpunktion) ein einziger Satz. Vgl.: POEBEL, Das appositionell bestimmte Pronomen (1932) S. 3ff.

welche die eigentlichen Gesetzesbestimmungen umkleiden. Beide sind sie in dichterisch beschwingter und zum Teil strophisch gehaltener Form sowie in einer vom Mittelstück erheblich abweichenden Sprachgestalt verfaßt, die sie ohne weiteres dem Gebiete der Poesie zuweisen[9]. Aber auch der nüchterne Gesetzesteil steht in seiner an die nordbabylonische Briefsprache der königlichen Kanzlei angelehnten Hochprosa an sprachlicher Kraft den ersteren nicht nach[10].

So nimmt es nicht Wunder, daß die Inschrift im babylonischen Altertum Gegenstand steter literarischer Pflege gewesen ist. Lange bevor der Spaten die Stele ans Licht förderte, waren aus Assurbanipals Bibliothek in Kujundschik-Ninive Bruchstücke neuassyrischer Abschriften bekannt, und inzwischen hat sich ihre Zahl beträchtlich erhöht[11]. Uns sind Bruchstücke aus Elam, aus Nippur, Babylon und Assur erhalten, die der alt- und neubabylonischen sowie der mittel- und neuassyrischen Periode angehören, und weitere Tafeln aus anderen Gegenden der Keilschriftkultur sind mit Sicherheit zu erwarten[12].

---

9 Die innerhalb der hier gebotenen Übersetzung vorgenommene metrische Gliederung, deren Begründung an anderem Orte erfolgen muß, irrt gewiß noch an vielen Stellen. Der Versuch rechtfertigt sich durch die Erwägung, daß eine reine Prosaübersetzung keine geringere Gefahr der Verfälschung des Originalbildes bedeutet.

10 Über die Scheidung der altbabylonischen Dialekte gibt jetzt die Arbeit von Sodens Auskunft in: ZA 40 (1931) S. 163ff.

11 Es sind außer den in Ungnads Keilschriftausgabe (Hinrichs 1909) veröffentlichten noch BE (The Babylonian Expedition of the University of Pennsylvania) XXXI 22; UM V 93; KAV (Keilschrifttexte aus Assur verschiedenen Inhalts) 7, 190-192; JA (Journal Asiatique) 1917 I S. 411ff. Vgl. jetzt auch A. Deimel, Codex Hammurabi, textus primigenus, scriptus a R. Wessely, denuo in lucem editus Romae 1930. S. auch die folgende Anmerkung.

12 Soeben werde ich von A. Falkenstein auf ein weiteres Fragment aufmerksam gemacht: BE 35 271. Das aus der Babylon-Expedition stammende Bruchstück des Berliner Museums bildet die erste Tafel einer die Gesetze Hammurabis enthaltenden Serie in neubabylonischem Schriftduktus, deren Unterschrift noch z.T. erkennbar ist. Freilich erschöpft sich die Bedeutung der sauber hergestellten

Die Abschriften waren zu eigenen Serien zusammengefaßt, von denen uns auch zwei Namen überliefert werden[13], und somit dem großen für das babylonische Schrifttum vorauszusetzenden Kanon mit eingegliedert. Sie galten als Literatur im eigentlichen Sinne und wurden als Stilmuster gelesen und gelehrt an Orten und zu Zeiten, da nach dem Zeugnis gleichzeitiger Rechtsurkunden von einer praktischen Bedeutung der Inschrift nicht gesprochen werden kann.

Die Stele gibt sich implizit nach dem Inhalt des Hauptteiles und explizit nach den Worten von Einleitung und Schluß als die schriftliche Ausfertigung eines umfassenden Gesetzgebungswerkes des babylonischen Königs Hammurabi (ca. 1728-1686[14]). Die entscheidende Bedeutung des kraftvollen Herrschers für die politischen Geschicke des Landes[15] und die von da an datierende Vormachtstellung der Stadt Babylon, die dem Lande den Namen gegeben hat, rückt diese „älteste Kodifikation der Weltgeschichte" auch sachlich in ein besonderes Licht. Hammurabi ist zwar keineswegs der einzige Fürst, der in Babylonien Recht geschaffen und aufgezeichnet hat. Wir hören von vielen Königen, auch Vorgängern, das Gleiche[16].

Abschrift in einigen unwesentlichen Varianten des gut überlieferten Proömiumstextes.

13 „Als Anum, der Hehre" (BE XXXI 22 col. v: altbabylonisch) und „Rechtsbestimmungen Chammurabis" (UNGNAD, Keilschrifttexte Nr. 3m rs col. 11: neuassyrisch, sowie das in der vorangehenden Anmerkung erwähnte noch unveröffentlichte Bruchstück BE 35 271: neubabylonisch).

14 Nach E. F. WEIDNER; Das Jahr der Gesetzgebung steht nicht fest. Eine Gesetzgebung des ersten Regierungsjahres, nach dem das zweite Regierungsjahr benannt ist, hat wohl nur einzelne Gegenstände des Rechts geordnet. Jedenfalls kann die Inschrift als Ganzes erst gegen Ende der Regierung Hammurabis aufgestellt worden sein, da auf die kriegerischen Ereignisse dieser Zeit im Prolog angespielt wird. Vgl. M. SCHORR, Urkunden des altbabylonischen Zivil- und Prozeßrechts (1913) S. 254 (mit Literatur).

15 B. MEISSNER, Könige Babyloniens und Assyriens (1926) S. 51ff.

16 Man sehe die davon berichtenden Formeln der Jahresdaten ein.

Dazu besitzen wir aus älterer Zeit einige Bruchstücke sumerischer Gesetze[17]. Auch ist Hammurabi nicht mit Sicherheit als der erste Fürst anzusehen, der das Recht in akkadischer Sprache aufzeichnen ließ[18]. Dennoch bedeutet die Inschrift eine gewaltige Leistung. Natürlich ist Hammurabi nicht selbst der Verfasser. Jedenfalls nicht von Einleitung und Schluß. Dagegen wird man nach dem lebendigen Bilde, das uns die in seiner Kanzlei ausgefertigten Briefe von diesem wie kaum einem zweiten babylonisch-assyrischen Herrscher entwerfen, die Initiative wenigstens für die Abfassung des Ganzen und einzelne Direktiven für die Gestaltung des Mitteilens ihm wohl zusprechen dürfen. Anfang und Teile des Schlusses aber sind wohl der Lobeshymnus höfischer Dichter.

---

17 UM I2 100-102; YOS (Yale Oriental Series) I 28; A. Ungnad in: Zeitschrift d. Savigny-Stiftung, Roman. Abteilung 41 (1920) S. 186ff.; S. P. Koschaker ibid. S. 278ff.; V. Scheil in: Revue d'Assyriologie (RA) 17 (1920) S. 35ff. Die in der für die Erlernung der Urkundenschreibkunst bestimmten Serie ana ittišu überlieferten Rechtssätze in Gesetzesformulierung werden dort z.T. wohl nur als leges inter partes constitutae, Parteivereinbarungen in Klauselform, nicht als gemeingültige Gesetzesnormen angeführt. Dies gilt freilich, wie die Formulierung zeigt, nicht für V R 25 rs 13ff. und kaum für KAV 8.

18 Dies entnimmt man zu Unrecht den Worten col. v. 22f. Vgl. OLZ 34 (1931) Sp. 933. Die angebliche Gesetzesnorm König Lipit-Ischtars von Isin, veröffentlicht von A. Boissier in Babyloniaca 9 (1926) S. 19ff., die in fast wörtlicher Übereinstimmung den § 7 des „Codex" Hammurabi wiedergibt, ist ganz gewiß ein Pamphlet, dazu bestimmt, eine Tatsache älter erscheinen zu lassen, als sie ist. Dafür gibt es im orientalischen und abendländischen Altertum auch sonst Parallelen. Vgl. H. H. Schaeder in Sitzungsberichte der Preußischen Akademie der Wissenschaften, Phil.-historische Klasse 23 (1931) S. 635ff., bes. S. 644f. Die in „König Lipit-Ischtars Vergöttlichung" (H. Zimmern in: Berichte über die Verhandlungen d. Sächsischen Gesellschaft der Wissenschaften, Phil.-historische Klasse 68 (1916) 5, S. 14, Z. 38f.) erwähnte „Rechtssetzung“ des Königs ist, wenn überhaupt ein geschichtlich greifbarer Akt, sicher sumerisch und nicht in so großem Stil erfolgt. Ein weiterer Hinweis auf sie findet sich in dem von de Genouillac in RA 25 (1928) S. 149ff. behandelten Hymnus auf Lipit-Ischtar (col. iii 3f.; iv 1ff.).

Nach den rhetorischen Worten der Umrahmung kann es kaum zweifelhaft sein, daß eine gesamte Neuordnung des Rechtes geplant war. Das bedeutet zweierlei: einmal *Kodifikation* und zum anderen *Reform*. Was das erste anlangt, so darf hier nicht mit europäischen Werten gemessen werden. Eine Kodifikation im strengen Sinn des Wortes ist nicht erreicht worden. Dafür fehlt schon allzuviel Rechtsstoff[19]. Eine Kodifikation hat die Welt überhaupt erst unter Justinian erfahren. Aber die Absicht ist nicht zu verkennen. Auch sollte die orientalischen Herrschern gemeinsame Neigung, lieber selbständig von Grund neu aufzubauen als unvollendet Überkommenes fertig auszugestalten, den Gedanken an eine reine Kompilation vorläufig noch zurückschieben. Unmittelbare Anlehnung an ältere sumerische Rechtssatzungen läßt sich bis jetzt nur in wenigen Stücken nachweisen[20], und von etwaigen sonstigen Quellen, aus denen der Verfasser geschöpft haben könnte, hören wir noch nichts. Aus all dem ergibt sich, daß von bloßer *Rechtsaufzeichnung* kaum die Rede sein kann. Die vielleicht zugleich auf politische Motive zurückzuführende Reformtendenz, die vor allem wohl den Schutz des Kleinbauern vor Überschuldung[21], Sicherung des Einkommens der Handwerker und Tagelöhner[22], wirtschaftliche Erhaltung der Lehensgüter[23] und weiterhin

19 So Lieferungs- und Kreditkauf, die Form der Gesellschaftspacht, bestimmte Darlehensarten, das Institut der Bürgschaft; ferner fast das ganze Strafrecht, das nur zum kleinsten Teile in der Gesetzesinschrift berücksichtigt wird.

20 S. die S. 6 Anm. 3 zitierten Texte sowie P. Koschaker, Rechtsvergleichende Studien zur Gesetzgebung Hammurapis (1917) S. VII. Über das Lipit-Ischtar-Fragment s. S. 6 Anm. 4. Bei der literarischen Pflege, die gerade dem Gesetzeswerke Hammurabis zuteil wurde, ist auch an Einflüsse dieses auf die späteren Rechtsbücher aus mittelassyrischer, hethitischer und neubabylonischer Zeit zu denken. Vor allem gilt dies in stilistischer Hinsicht.

21 §§ 257f.; 261; 273f.

22 §§ 49 u. 66; 46, 48 u.ö.; aber auch die Zinstaxen und andere Bestimmungen, die das Nippur-Fragment UM V 93 erhalten hat.

23 §§ 26ff.

u.a. eine Bevorzugung gewisser (Marduk-)Priesterinnen[24] zum Gegenstand hat, erhellt sich ebenso aus den moralisch-programmatischen Sätzen der Einleitung[25] wie aus den Rechtsbestimmungen selbst. Diese stehen vielfach mit dem durch die älteren und gleichzeitigen Urkunden bezeugten Rechtsbrauch in Widerspruch[26]. Damit wird die Frage aufgeworfen, die sich heute noch nicht beantworten läßt, ob nicht etwa der gesamte Inhalt der Rechtssätze reformatorischen Charakter trägt. Dann hätte sich, wenn man von allgemeinsten Rechtsgedanken absieht, die das Gesetzeswerk im Einklang mit dem rechtlichen Empfinden seiner Zeit allenthalben zum Ausdruck bringt, die neue Rechtsordnung jedenfalls überall dort, wo wir sie an Hand von Urkundenmaterial kontrollieren können, nicht durchzusetzen vermocht. Ein dem geschichtlichen Einschnitt, den die Persönlichkeit Hammurabis für Babylonien bedeutet, entsprechender Bruch mit der Vergangenheit ist innerhalb der

24 Besonders deutlich § 182.

25 Col. i 32ff., aus denen der Leser den Schluß (und dieser Schluß ist zweifellos beabsichtigt) zieht: Vorher war es anders, und alles wird jetzt besser und neu. Noch deutlicher Teile der hethitischen Rechtssammlung mit ihrer Gegenüberstellung von „einst" und „jetzt".

26 Z. B. setzt § 44 volle Ertragsabgabe für ein Neubruchsfeld erst für das vierte Jahr voraus, während die Verpflichtung nach den Pachturkunden schon im dritten Jahre eintritt. Praenumerando-Zahlung der vollen Pachtsumme in § 45 ist den Urkunden unbekannt. Das Gesetzbuch kennt in § 98 eine Form der „Gesellschaft", die den Urkunden fremd ist; vgl. Leipziger rechtswissenschaftliche Studien, Heft 65 (1931) S. 36f. Die Adoption wird in den Rechtsurkunden nach anderen Normen vollzogen, als sie die Inschrift vorschreibt; vgl. M. David, Die Adoption im altbabylonischen Recht (1927), Vorwort S. III. Auf weitere Abweichungen des Denkmals von der Urkundenpraxis weist Koschaker in seinen grundlegenden Hammurapi-Studien hin (etwa S. 17 zu §§ 122f.; S. 173ff. zum Terminus nudunnûm). Koschaker erklärt Divergenzen sowie die inneren Widersprüche und Unklarheiten des Gesetzes als Folge der nicht immer geglückten Tendenz, verschiedene Rechtssysteme in einem neuen Reichsrecht zu vereinheitlichen. Die von ihm der Glossierung oder Interpolation verdächtigten Stellen sind von uns im Text jeweils kenntlich gemacht.

Formularentwicklung durch die Inschrift nicht herbeigeführt worden. Es hat beinahe den Anschein, als ob das große Gesetzgebungswerk des Königs nur Repräsentation geblieben und niemals Rechtswirklichkeit geworden sei. Auch hat, so hoch die literarische Wertschätzung des Denkmales um seiner kunstvollen Form und seines erbaulichen Inhalts willen stets gewesen ist, doch kaum juristische Tradition die Pflege des Gesetzes in die Hand genommen[27]. Immer hat es wohl mehr als gesetzgeberisches Ideal gegolten. Hätten die Rechtsnormen jemals nachhaltige Geltung gewonnen, so wären uns gewiß deutlichere Spuren im Urkundenwesen erhalten.

Das in der Formulierung der einzelnen Gesetzesbestimmungen sich kundgebende rechtliche Denkvermögen steht beträchtlich über dem Niveau anderer aus dem alten Orient bekannter Rechtssätze. Schon die Sprachgestaltung läßt, von den sumerischen Bruchstücken abgesehen, in ihrer syntaktischen Geschlossenheit alle sonst keilschriftlich überlieferten Rechtssammlungen weit hinter sich. Der einzelne Rechtsfall wird durch einen Konditionalsatz mit „wenn“ *(šumma,* nach dem sumerischen *tukundi-bi)* eingeführt, dem die Sanktion als Nachsatz folgt. Beide sind tatbestandsmäßig stilisiert, der Rechtsfall wird als vorzeitig, die Sanktion als nachzeitig gedacht. Jede Bestimmung ist, auch außerhalb des Zusammenhanges, für sich allein verständlich[28]. Dennoch bleiben freilich

27 Wenn man, worauf besonders Poebel und Schorr aufmerksam gemacht haben, von den wenigen sumerischen Worten in UM V 93 sowie von der Abteilung der Bestimmungen durch Trennungsstriche (s. die folgende Anmerkung) absieht.

28 Darauf haben zuerst Langdon in BE XXXI (1914) S. 49 und weiterhin Poebel in OLZ 18 (1915) Sp. 256ff. sowie Schorr in Rocznik Oryentalistyczny I (1914/15; deutsches Bulletin dazu S. 7) hingewiesen, indem sie auf die Trennungsstriche, die die beiden Nippur-Fragmente UM V 93 und BE XXXI 22 nach jeder lex setzen, aufmerksam machen. Kann auch die von den akkadischen Abschreibern vorgenommene Einteilung für uns nicht maßgebend sein (sie differiert innerhalb der Bruchstücke selbst; vgl. VAT 991 = Ungnad,

Unklarheiten. Da eine erschöpfende Behandlung des Gegenstandes, den das Gesetz jeweils anschneidet, nicht erreicht, vielfach sogar der zu erwartende Gegenfall übergangen wird, so läßt sich zur Ermittlung des gesetzgeberischen Willens bei Lücken mit den für die besser durchdachten Normen des römischen Rechts bestimmten Schlüssen der reinen Logik (z. B. *ex silentio* und *e contrario*) hier meist nicht argumentieren. Erweist sich die Zusammenfassung einzelner Gruppen von Rechtssätzen zu einheitlichen Abschnitten durchaus als möglich, so muß an einer systematischen Aufteilung des ganzen Gesetzes jener Versuch scheitern[29]. Nicht logische Ordnungskategorien, sondern äußerliche Assoziationen attrahieren eine Gruppe nach der anderen. Am ehesten sind noch gewisse Objekte Leitsterne der Orientierung, z. B. ist der mit § 42 neu beginnende Abschnitt deutlich nach der Trias „Feld, Baumgarten, Haus" gegliedert, die schon in den vorhergehenden Abschnitten erscheint (§§ 30ff.; 191 u.ö.) und als Umschreibung des unbekannten Begriffes „Liegenschaft" auch für die Anordnung innerhalb der vierten Tafel der Serie *ana ittišu*[30] maßgebend ist. Die §§ 127ff. sollte man besser als mit den Ausdrücken Familien- und Erbrecht durch Stichwörter wie „Gatte, Gattin und Kind" überschreiben. Innerhalb der Lücke beginnt der Doppelbegriff „Silber und Getreide", sei es daß sie unter verschiedenen Darlehensformen, für die man keinen

Keilschrifttext 4a gegen UMV 93 in den §§ 152/3), so ist jedenfalls ihr Prinzip für die moderne Scheidung das nächstliegende Kriterium. Die alte von SCHEILS Erstausgabe herrührende Paragraphen-Einteilung wurde sowohl wegen der eine restlose Neubezifferung verhindernden Lücke als auch aus Bequemlichkeitsgründen beibehalten. (Zusammengehörige Paragraphen, die in Wirklichkeit eine Bestimmung bilden, sind in unserer Wiedergabe nur durch Semikola getrennt.)

29 So verfehlt: LYON in: Journal of the American Oriental Society 25 S. 284ff.; gegen ihn KOHLER in: KOHLER-UNGNAD, Hammurabis Gesetz (KU) III S. 221f.

30 S. S. 6 Anm.3.

gemeinsamen Namen hat, sei es daß sie „auf Gemeinschaft" (Gesellschaftsvertrag: § 98) oder von einem „Kaufmann" an seinen „Beutelträger" (§§ 99ff.) gegeben werden. Tieferen Einblick in das Denken des sumerisch-babylonischen Rechts als die Inschrift gewährt vielfach das Formular der Privaturkunden, seine Struktur und Geschichte. Indessen scheint wie bei der Anordnung so auch bei der Stilisierung der Bestimmungen das Formular der Urkunden dem Verfasser nicht unmittelbar vor Augen gestanden zu haben[31]. Daß die grundlegenden Begriffsscheidungen in öffentliches und privates Recht, Straf- und Zivil-, Prozeß- und materielles Recht noch nicht zum Ausdruck gelangen, kann nicht verwundern. Selbst so durchdachte Rechte wie dasjenige der Mischna und des arabischen Fiqh gehen zum Teil an ihnen vorbei. Hier für das Abendland endgültige Klarheit geschaffen zu haben, ist eines der unverlierbaren Verdienste des römischen Rechts.

Dagegen ist die Trennung von religiösem und weltlichem Recht vollkommen. Wohl schimmern allenthalben religiöse Motive durch, bilden religiöse Verhältnisse Tatbestandsmerkmale, aber die Formgebung der Rechtssätze ist rein weltlich. Man hat daher wiederholt die Inschrift mit den rechtlichen Partien des Alten Testaments verglichen und sie geradezu dagegen ausgespielt. Aber man übersieht dabei, daß auch das umfassende legislatorische Erneuerungsunternehmen des altbabylonischen Königs mit allen großen Ideen des Orients die religiöse Wurzel gemein hat. Proömium und Epilog, die man zu Unrecht als äußere Hülle des rechtlichen Kernes der Inschrift vernachlässigt hat[32], sind eines Geistes und aus glei-

31 Nur einmal wird daher in präziser Klauselform eine Vorschrift gefasst, nämlich in § 177.

32 Hugo Winckler verlieh dem dadurch Ausdruck, daß er sie innerhalb seiner in dieser Sammlung (AO 4, 4) erschienenen Übersetzung in Petitdruck wiedergab. Friedrich Delitzschs als Privatdruck erschienene Übersetzung (im Folgenden als Delitzsch zitiert) ließ beide aus.

cher Grundhaltung geboren wie die Gesetzesbestimmungen. Gerade die literarische Tradition, die sich in ihren Abschriften stets der Inschrift als eines Ganzen angenommen und sie demnach auch als Ganzes empfunden hat, deckt diesen Sachverhalt zur Genüge auf. Sie legt zugleich aber auch dar, wie vielfach im Orient ein großer sittlicher Gedanke ohne die rechte Kraft zu neuer Lebensgestaltung ins Literarisch-Unverbindliche entwächst und statt in guter Tat im schönen Wort seine Erfüllung findet.

Zum Schluß drängt es mich, meinem verehrten Lehrer, B. LANDSBERGER (Leipzig), allen Dank auszusprechen, der ihm für die Anregung wie die Durchführung dieser Arbeit gebührt. Sie gehört ihm recht eigentlich an. Denn er hat das Manuskript eingehend mit mir durchgesprochen und sämtliche Korrekturen mitgelesen. Den gemeinsamen Erörterungen verdanke ich soviel entscheidend Neues, dass es nicht immer möglich war, seinen Namen mitzunennen. Die Verantwortung trage ich jedoch überall allein. Zur Übersetzung selbst sei bemerkt, dass sie erstmalig die LANDSBERGERsche Tempuslehre des Akkadischen berücksichtigt, wie sie sich bei G. BERGSTRÄSSER, Einführung in die semitischen Sprachen (1928) S. 23 bereits in Grundzügen dargestellt findet. Wie sehr unsere Übertragung ihren Vorgängerinnen und der übrigen Literatur, aus der die Zitate nicht mehr als eine vielfach subjektive Auswahl bringen, verpflichtet bleibt, bedarf nicht der Ausführung. Hier ist nur der Ort, noch allen denen ausdrücklich zu danken, die sie durch sachliche Hinweise und Korrekturhilfe freundlich gefördert haben.

Berlin, im Juni 1932. Wilhelm Eilers.

Eilers und der Codex Hammurabi

Eine Einleitung von Karl Hecker

Als sich der Verfasser dieser Zeilen vor mehr als 50 Jahren mit der Assyriologie und dem Studium der Keilschrift zu befassen begann, war es nur natürlich, dass er sich bald auch mit der Lektüre des Codex Hammurabi zu beschäftigen hatte, und es war ebenso natürlich, dass zu den Hilfsmitteln, die er dabei benutzen konnte, auch „der Eilers" gehörte, jene von dessen vielen Publikationen, deren Nachdruck hier vorgelegt wird. Was damals auch dem Anfänger bald klar wurde, war, dass diese Arbeit nur auf der Basis tiefgreifender Kenntnis in zwei nicht unbedingt zusammengehörigen wissenschaftlichen Disziplinen, nämlich der Assyriologie und der Rechtsgeschichte, entstehen konnte. Es sei gleich hier angemerkt, dass Eilers beim Studienabschluss in Leipzig tatsächlich zum Dr. jur. promoviert wurde; der Titel eines Dr. phil. wurde ihm erst im Jahre 1974, als er schon lange Mitglied und sogar Dekan der Würzburger Philosophischen Fakultät war, wegen seiner zahlreichen Publikationen zu iranistischen Themen ehrenhalber von der Universität Teheran verliehen.

Eilers in der hier gebotenen Kürze als Wissenschaftler zu würdigen ist kein einfaches Unterfangen, denn allzu breit gestreut waren seine Arbeitsinteressen. In Leipzig, wo er am 27. September 1906 geboren wurde, war mit der Berufung von H. Zimmern ein bedeutendes assyriologisches Forschungszentrum entstanden, das unter dessen Nachfolger B. Landsberger und dem Rechtshistoriker P. Koschaker solch hohes Ansehen gewann, dass man später von der Leipziger Schule der Assyriologie (heute würde man wegen der vielen zwischenzeitlich entdeckten weiteren Sprachen wie Hurritisch, Hethitisch oder Ugaritisch eher Altorientalistik oder Keilschriftkunde sagen) zu sprechen pflegte. Aus dieser Schule ging eine ganze Reihe nachmals bedeutender deutscher und ausländischer Assyriologen hervor. Hinzu kam, dass das Fach in den Jahrzehnten nach dem I. Weltkrieg infolge vieler neuen Ausgrabungen mit z.T. spektakulären Funden einen immensen Aufschwung nahm. So ist war denn nicht weiter verwunderlich, dass Eilers, der zunächst in Freiburg und München Jura zu studieren begonnen hatte, sich bei der Fortsetzung seines Studiums in seiner Heimatstadt auch dem aufstrebenden jungen Fach zuwandte und besonders von dem genialen Landsberger und dessen revolutionären Ideen auf dem Gebiet der keilschriftlichen Sprachforschung angezogen wurde. Wie er auch zu Koschaker fand, der selbst schon 1917 mit einer „Rechtsvergleichende Studien zur Gesetzgebung Hammurapis, Königs von Babylon“ betitelten Untersuchung hervorgetreten war, ist heute nicht mehr sicher bekannt. Deutlich ist aber, dass dieser den jungen, hoch talentierten Studenten besonders förderte und ihn schon vor der Promotion zu rechtshistorischen Publikationen wie dem Buch „Gesellschaftsformen im altbabylonischen Recht“ (1931) anregte. Unter Eilers' akademischen Lehrern verdient schließlich noch der Iranist H. H. Schaeder besondere Erwähnung, war dieser es doch, der Eilers' großes Faible für die Geschichte, Kultur und Sprachen Persiens weckte. Ein längerer Aufenthalt in Teheran und seine anschließende Tätigkeit als Leiter des Stützpunktes des Deutschen Archäologischen Instituts in Isfahan, jener mit so prächtigen Bauten ausgestatteten Stadt, welche die Perser wegen ihrer Schönheit als *nesf-i ǧehān* – „die (eine) Hälfte der Welt“ preisen, in den Jahren 1937-41 förderte seine Faszination und Liebe zu diesem Land immens. Noch bis in seine letzten Lebensjahre arbeitete er, gestützt auf Sammlungen, die er in dieser für ihn besonders glücklichen Zeit, in der auch seine beiden Söhne Wilhelm Chosrou und Wolfhart Parviz geboren wurden, angelegt hatte, an der Beschreibung moderner persischer Dialekte wie z.B. zuletzt „Die Mundart von Sīvänd“ (1988) als 3. Band seiner „Westpersischen Mundarten“. „Mit diesen Veröffentlichungen“, so schrieb 1991 sein langjähriger Freund, der Göttinger Iranist Walther Hinz, in seinem Nachruf, „krönte Wilhelm Eilers sein Lebenswerk“. Mit „ihrem außerordentlichen Quellenwert für die Landes- und Volkskunde Irans ist ihr Inhalt auch für den des Persischen Unkundigen ebenso belehrend wie genussreich. Er bewahrt ein Kulturerbe Irans, das unaufhaltsam dahinschwindet“. Dass Eilers daneben aber auch dem Alten Orient nie untreu geworden ist, beweist beispielsweise die von der Österreichischen Akademie der Wissenschaften veröffentlichte Schrift „Semiramis. Entstehung und Nachhall einer altorientalischen Sage“ (1971).

Angesichts eines thematisch so weitgespannten und umfangreichen Œuvres konnten Ehrungen nicht ausbleiben. Von der Verleihung des Titels eines Dr. phil. h.c. durch die Universität Teheran und der Wahl in das ebenso ehren- wie verantwortungsvolle Amt des Dekans der Würzburger Philosophischen Fakultät war bereits die Rede, und dass ein Teil von Eilers' Publikationen Akademie-Veröffentlichungen wurden, ist oben wenigstens angedeutet. Schon zu seinem 60. Geburtstag widmeten ihm Freunde und Kollegen eine umfangreiche Festschrift mit einem Verzeichnis seiner bis dahin erschienenen Schriften, die mit der Vielfalt ihrer Themen die Breite von Eilers' wissenschaftlichen Interessen anschaulich widerspiegelt. Posthume Ehrungen schließlich erhielt Eilers noch – er starb am 3. Juli 1989 – in außergewöhnlich umfangreichen Nachrufen in verschiedenen wissenschaftlichen Zeitschriften[1] sowie in einer „Gedenkschrift für Wilhelm Eilers", die vom Deutschen Archäologischen Institut, Abteilung Teheran, als „Archäologische Mitteilungen aus dem Iran", Band 20 (1987, erschienen 1989), herausgegeben wurde.

Aus der großen Zahl von Eilers' Publikationen hat aber keine eine derartig weite Verbreitung und Wertschätzung gefunden wie seine hier neu aufgelegte Schrift „Die Gesetzesstele Chammurabis". Ein dem Verfasser dieser Einleitung von Eilers zum Neujahrsfest 1982 übersandtes Exemplar hatte auf der Titelseite den Überdruck „Sechste gegenüber der fünften unveränderte Auflage" erhalten und damit ein für die assyriologische Literatur, wo zumeist nicht einmal Nachauflagen erscheinen, ganz außergewöhnliches Ereignis angezeigt. Es sind vor allem zwei Gründe, die die hohe Zahl von Nachdrucken notwendig machten, nämlich zum einen das große Interesse, das der Codex Hammurabi nicht nur bei Assyriologen, Alttestamentlern, Rechtshistorikern und anderen Kulturwissenschaftlern als (vermeintlich) älteste Gesetzessammlung der Welt fand, und zum anderen, dass es lange keine andere Übersetzung ins Deutsche gab oder, sagen wir vielleicht besser, ein solche nicht für nötig gehalten wurde.

Natürlich hat der Fortschritt in der wissenschaftlichen Erkenntnis vor der Eilerschen Übersetzung nicht Halt gemacht. Er dokumentiert sich für den Leser hier besonders deutlich darin, dass der Untertitel, der in der 1. Auflage noch „Gesetze um die Wende des dritten vorchristlichen Jahrtausends" lautete, später auf der Rückseite des Titelblatts durch „Gesetze um 1700 vor Chr." ersetzt worden ist, und in der veränderten

1 Genannt seien hier die Nachrufe von M. Mayrhofer im „Archiv für Orientforschung" 35 (1988, erschienen 1990), 255-256; von W. Hinz in: Zeitschrift der Deutschen Morgenländischen Gesellschaft 141 (1991) 1-6; jeweils mit Portrait, und von R. Schmitt in: Wiener Zeitschrift für die Kunde des Morgenlandes 80 (1990) 7-12.

Schreibweise des Namens des babylonischen Königs und Gesetzgebers. Beides muss im Folgenden kurz erklärt werden.

Zur Schreibung des Namens: In der Assyriologie hat sich international ein Umschriftsystem eingebürgert, das für jedes keilschriftliche Phonem auch nur ein einziges modernes Zeichen benutzt und damit Interpretationsprobleme, wie sie etwa bei deutschem /sch/ möglich sind, das nicht nur für das eine Phonem *š*, sondern als /s-ch/ gelesen auch für keilschriftlich *sḫ* stehen könnte, behebt und außerdem auch kaum lesbare Wortungetüme wie etwa muschchuschschu (*mušḫuššu*, dies der Name eines Drachendämons, der z.B. zur Abwehr von Feinden in vielfacher Wiederholung auf dem Ištar-Tor von Babylon abgebildet war) zu vermeiden hilft. Des weiteren ist zu bedenken, dass die nicht von den Babyloniern erfundene Keilschrift mit ihrer komplexen Mixtur von Wort- und Silbenzeichen von diesen erst allmählich und dann auch nur sehr unvollkommen auf die Wiedergabe ihrer Sprache angepasst wurde, ein Manko, das dieses Schreibsystem trotz seiner mehreren hundert Zeichen übrigens bis zu ihrem Untergang im 2. Jh. n. Chr. nie vollständig abgelegt hat. So wurde beispielsweise die Lautfolge /bi/ in der älteren Zeit nie und auch später oft nicht von /pi/ unterschieden. Ein weiteres Problem besteht darin, dass das ostsemitische Akkadisch mit seinen beiden Hauptdialektsträngen Babylonisch und Assyrisch sich uns als tote Sprache hauptsächlich über den Vergleich mit westsemitischen Sprachen wie Hebräisch oder Arabisch erschließt. Die ältere Assyriologie las dann den Namen des berühmten Königs von Babylon als „(der Gott) Ḫammu ist groß (*-rabi*)“ und verwies dabei auf die vielen ähnlich zusammengesetzten akkadischen Personennamen. Inzwischen ist aber klar geworden, dass Hammurabi eigentlich kein echter Akkader war, sondern einer westsemitischen Zuwanderungsschicht in Babylonien, den Amurritern, entstammt und der zweite Bestandteil seines Namens daher als westsemitisches

-rapi „ist Heiler" zu interpretieren ist. Wir kennen inzwischen noch weitere, etwa gleichzeitige Könige dieses Namens außerhalb von Babylonien in den syrischen Städten Ḫalab/Aleppo und Qurda.

Zur Datierung: Auf Grund der Lückenhaftigkeit der keilschriftlichen Quellen ist die Geschichte des alten Orients selbst für dessen Kerngebiete Babylonien und Assyrien keineswegs lückenlos darstellbar; es gibt immer wieder längere oder kürzere dunkle Perioden. Dies gilt insbesondere für die hier interessierende altbaylonische Zeit und die in diese datierende 1. Dynastie von Babylon, für die wir zwar ein in sich fest geschlossenes, aber nicht eindeutig datierbares chronologisches System besitzen. Das System wird festgemacht an allerdings erst aus wesentlich jüngerer Zeit überlieferten Beobachtungen zum heliakischen Aufgang des Planeten Venus zur Zeit von Ammiṣaduqa, Hammurabis 4. Nachfolger auf dem Thron von Babylon. Da sich das beobachtete astronomische Phänomen in 64-jährigem Rhythmus wiederholt, kann man die Regierungszeit Hammurabis nach der sog. mittleren Chronologie auf 1792-1750 bzw. 1728-1686 nach der wahrscheinlich zutreffenderen kurzen berechnen; eine in der älteren assyriologischen Literatur häufig zu findende „lange Chronologie" wird heute nicht mehr diskutiert. Um das gleich hier anzuschließen: Der elamische König Šutruk-Naḫḫunte, der im Verlauf eines Feldzuges in Babylonien Hammurabis Stele als Siegeszeichen nach Susa entführte und seine eigene Inschrift anbringen wollte, kann nur ganz ungefähr auf den Beginn des 12. Jhs. v. Chr. datiert werden. Für ihn haben wir nur einen ungefähren Synchronismus mit einer auch in Babylonien nur schlecht bezeugten Periode.

Der Codex des Hammurabi spiegelt, wie der Vergleich mit den zahlreichen erhaltenen Rechtsurkunden der altbabylonischen Periode lehrt, die gleichzeitige Rechtswirklichkeit in vielen Teilbereichen nur sehr ungenau wider. Er war auch, wie wir heute wissen, kein ganz einzigartiges Dokument, denn es gab mehrere Vorläufer in sumerischer und in akkadischer Sprache, die wenigstens zum Teil wohl auch in der Hammurabi-Kanzlei nicht unbekannt waren. Was machte denn den Codex schon in der babylonisch-assyrischen Antike so berühmt, dass Abschriften auf Tontafeln weit verbreitet waren? Es gab gewiss mehrere Gründe dafür. Da wäre zunächst einmal die Stele selbst zu nennen, die, über zwei Meter hoch und aus von weit her in das steinlose Babylonien importiertem Diorit gefertigt, ein für die damalige Zeit imponierendes technisches und mit der am Kopf der Stele angebrachten Darstellung des vor dem Sonnen- und Richtergott Šamaš stehenden Königs auch ein künstlerisches Meisterwerk darstellt. Der gehobene Sprachstil und der auch heute wieder als klassisch empfundene altbabylonische Dialekt sowie die kunstvolle Gliederung von Pro- und Epilog trugen gewiß dazu bei, die Wertschätzung weiter zu erhöhen. Der Hauptgrund war aber wohl ein anderer. Hammurabi hatte, wie im Prolog des Codex beschrieben, in seiner langen Regierungszeit alle bedeutenden Städte von Sumer im Süden und Akkad im Norden des Zweistromlands unter seine Kontrolle gebracht und damit auch die in den Tempeln dieser Städte verehrten Gottheiten Babylons Stadtgott Marduk unterstellt. Aus der unbedeutenden Kleinstadt Papila – so lautete wohl der ursprüngliche Name – war das große *Bāb-ilī*, das „Gottestor“, geworden, das für sich und seinen Gott Marduk die Weltherrschaft beanspruchte. Auch wenn dieser Anspruch politisch nicht immer durchsetzbar war und selbst das Kultbild des Marduk von den Hethitern 1531 v. Chr. vorübergehend aus seinem Tempel Esangila verschleppt werden konnte: Unter Hammurabi, der seinen Codex gewiß auch als Vehikel der Selbstdarstellung konzipiert hat, begann der Aufstieg Marduks zum höchsten Gott der altorientalischen Welt und zum Bēl, dem „Herrn“, par excellence. Der Codex, dessen Prolog diesen Aufstieg begründet, wurde damit mehr als ein bloßes Dokument der Rechts- und Zeitgeschichte und konnte auch als eine Art Grundcharta des babylonischen Politik- und Religionsverständnisses aufgefasst werden.

Zum Abschluss sind noch einige Worte zur Bewertung dieses Neudrucks notwendig. Vergleicht man Eilers' Übersetzung mit der allerdings wohl nur wenigen Lesern zugänglichen modernen von R. Borger[2], so werden dem Keilschriftkundigen neuere wissenschaftliche Erkenntnisse an Einzelheiten sehr wohl erkennbar – Eilers standen ja die heute vorhandenen modernen Wörterbücher noch nicht zur Verfügung –, doch sind die Unterschiede eher marginal und berühren nicht den Gesamtsinn. Manches ist auch im persönlichen Sprachstil der Übersetzer begründet, wobei Eilers oft näher am Keilschrifttext steht, so wenn er z.B. das korrekte Wort „Silber" benutzt, wo Borger eher salopp mit „Geld" übersetzt. Zudem hat man den Eindruck, als bemühe sich Eilers auch, auf den poetisch gehobenen Stil des Pro- und Epilogs einzugehen. So kann man mit Fug und Recht sagen: Der erneut nachgedruckte „Eilers" ist nicht nur ein Zitat der assyriologischen Wissenschaftsgeschichte und eine Hommage an einen großen Gelehrten, sondern auch eine immer noch lesenswerte Übersetzung der berühmtesten Gesetzsammlung der altorientalischen Welt.

Karl Hecker Münster, im Juni 2009

---

2 In: Texte aus der Umwelt des Alten Testaments. hg. v. O. KAISER, Bd. 1, Gütersloh 1982-85, S. 39-80. Hinzu kommen allerdings Übersetzungen in andere Sprachen.

Zum Texte der Übersetzung

Die in runde Klammern gesetzten römischen Ziffern bezeichnen die Kolumnen auf der Stele (Ir = col. I rechts). Auf Zeilenzählung musste um des deutschen Ausdruckes willen verzichtet werden, welcher gegenüber dem komplexiven Sprachcharakter der stark durch das Sumerische beeinflussten Rechtssätze eine freiere Behandlung von Wortstellung und Periodenbau erfordert.

Eckige Klammern ([...]) bezeichnen sinngemäße Zusätze bzw. Ergänzung zerstörter Stellen an.

Text der Inschrift

(I) Als der erhabene Anu, der König der Anunnaki,
[und] Enlil, der Herr über Himmel und Erde, der die Geschicke des Landes bestimmt,
dem Marduk als Eas erstgeborenem Sohn die Enlil-Würde[1] über die Gesamtheit der Menschen bestimmten,
ihn unter den Igigu groß machten, seinen erhabenen Namen Babylon kund taten, innerhalb der Weltenden es übermächtig werden ließen,
in seiner Mitte ein ewiges Königtum, dessen Grundfesten, gleich Himmel und Erde fest gegründet sind, ihm festigten:
Damals haben meinen Namen Hammurabi,
den ehrfürchtigen Fürsten, der die Götter verehrt, um Gerechtigkeit im Lande sichtbar zu machen, den Ruchlosen und den Bösen zu vernichten, vom Starken den Schwachen nicht entrechten zu lassen,
gleich Šamaš[2] den Schwarzhäuptigen aufzugehen und das Land zu erleuchten, Anu und Enlil den Menschen zum Wohlgefallen
kundgetan.
Ich, Hammurabi,
der durch Enlil berufene Hirte,
der Hülle und Fülle anhäufte,
der Jegliches für Nippur-Duranki vollbrachte;
der ehrfürchtige Heger von Ekur;
der tüchtige König,
der Eridu wiederherstellte;

1 D.h. die göttliche Vollmacht.
2 D.i. die Sonne.

der (II) den Ritus von Eabzu reinigte,
der Erstürmer der vier Weltenden,
der den Namen Babylons groß machte,
der das Herz Marduks, seines Herrn, erfreute;
der täglich einsteht für Esangilla;
der Same des Königtums,
den Sin erzeugte,
der Ur mit Wohlergehen beschenkte;
der Demütige, der Betende;
der Überfluss nach Ekišnugal brachte,
der bedächte König,
der (dem) Šamaš gehorsam ist, der Mächtige,
der die Grundfesten von Sippar festigte,
der Ajas Hochtempel[3] in Grün verkleidete;
der den Tempel Ebabbar, der der Wohnung des Himmels gleicht, hocherhaben machte,
der Krieger,
der Larsa begnadigte;
der Ebabbar für Šamaš, seinen Helfer, erneuerte;
der Herr,
der Uruk belebte,
der Wasser der Fülle seinen Einwohnern vorsetzte;
der die Spitze von Eanna erhöhte,
der Üppigkeit für Anu und Ištar anhäufte;
Schirm des Landes,
der die zerstreuten Menschen von Isin versammelte;
der mit Fülle den Tempel Egalmaḫ versah,
der Drache unter den Königen,
der Lieblingsbruder des Zababa,

3 Landsberger in: OLZ 34 (1931), Sp. 128; anders Böhl in: ZA 39 (1930) S. 93; vgl. auch Schott in: ZA 40 (1931), S. 11. Gegu(n)nu sumerisches Lehnwort das wie ziqquratu (Ziqqurat) einen Hochtempel im Gegensatz zu einem Tieftempel bezeichnet.

der die Stätte von Kiš fest gründete; der mit Glorie umgab das Emete'ursag,
der die großen Kultordnungen der Ištar regelte,
der Verwalter des Tempels Eḫursagkalama;
das Entsetzen seiner Feinde,
den Erra, sein Gefährte, (III) sein Begehren erlangen ließ,
der Kuta reich machte,
der alles für Emišlam erweiterte;
der kampfbereite Wildstier,
der die Feinde niederstößt, der Liebling des Tutu, der Borzippa zum Jauchzen brachte,
der Ehrfürchtige, der gegenüber Ezida nicht wich,
der Gott unter den Königen, der kundig ist an Weisheit,
der die Anpflanzung von Dilbat erweiterte,
der Getreide im Speicher für Uraš, den Gewaltigen, aufhäufte;
der Herr, würdig des Zepters und der Krone,
den dafür vollkommen die weise Máma[4] geschaffen hat,
der die (Grund-)Risszeichnungen von Keš festigte,
der die lauteren Mahle für Nintu reichlich machte;
der Besonnene, der Vollkommene,
der Weide und Tränke für Lagaš und Girsu festsetzte,
der große Opferspenden für Eninnū hielt;
der die Feinde packte,
der Günstling der überaus Tüchtigen[5]
der die Gebote von Challab ausführte,
der das Herz der Ištar Froh machte;
der lautere Fürst,
dessen Gebet Adad wohl kennt,
der das Herz des Helden Adad in Bīt-karkara[6] besänftigte,
der das Gehörige in E'udgalgal wiederherrichtete;
der König,

---

4 D.i. die Göttermutter.
5 Beiname Ištars.
6 Landsberger in OLZ 34 (1931) Sp. 136.

der Adab Leben verlieh,
der den Tempel Emaḫ ordnete;
der Erhabene unter den Königen, ohne Widerpart im Kampf,
(IV) der da Leben schenkte Maškanšabri,
der Emišlam mit Fülle tränkte;
der Weise, der Verwalter,
der erreichte den Urquell der Weisheit,
der die Menschen aus Malgiu in der Not barg,
der ihre Wohnungen für Ea und Damgalnunna fest gründete;
die sein Königtum groß machten in Fülle,
der für ewig lautere Opfer bestimmte,
der Erste unter den Königen,
der die Ortschaften am Euphrat unterwarf[7]
auf Anweisung Dagans, seines Erzeugers,
der da begnadigte die Menschen von Mera und Tutul;
der ehrfürchtige Fürst,
der erhellte das Angesicht des Tišpak,
der dem Ninazu lautere Mahle vorsetzte,
der seine Menschen aus der Drangsal rettete,
der festigte ihre Grundfesten innerhalb Babylons in Frieden;
der Hirte der Menschen,
dessen Taten der Ištar gefallen,
der Ištar in E'ulmasch inmitten Markt-Akkads einsetzte,
der das Recht verwirklichte, der die Völker ordnete,
der nach Assur dessen gute Schutzgöttin zurückschickte;
der die, welche sich erheben, zum Schweigen bringt[8],
der König, der sich in Ninive in Emašmaš um die Ordnungen der Ištar sorgte;
der Ehrfürchtige, der zu den großen Göttern betete,
der Spross von Sumula'el, der mächtige Erbsohn von Sinmuballiṭ, (V) der ewige Same des Königtums,

7 Landsberger in OLZ 34 (1931) Sp. 127 und 131.
8 Von nabi'u – der sich erhebt, der sich, auflehnt.

der mächtige König, die Sonne von Babylon, der das Licht über das Land Sumer und Akkad aufgehen ließ,
der König, der sich die vier Weltenden hörig machte, der Günstling Ištars, das bin ich.
Als Marduk mich beauftragte, die Menschen gerecht zu leiten und dem Lande Ordnung zuzuweisen,
habe ich Recht und Gerechtigkeit in den Mund des Land gelegt und für das Wohlsein der Menschen sorgte ich gut, damals (setzte ich fest):

§ 1

Wenn ein Bürger einen Bürger des Mordes bezichtigt hat, ihn aber nicht überführt, so wird der, der ihn bezichtigt hat, getötet.

§ 2

Wenn ein Bürger einem Bürger Zauberei vorgeworfen hat, ihn aber nicht überführt, so geht der, dem Zauberei vorgeworfen ist, zur Flussgottheit, taucht in den Fluss hinein, und wenn der Fluss ihn erlangt[9], so erhält, der ihn bezichtigt hat, sein Haus; wenn der Fluss diesen Bürger für frei von Schuld erachtet und er heil davonkommt, so wird der, der ihm Zauberei vorgeworfen hat, getötet, der, der in den Fluß hinabgetaucht ist, erhält das Haus dessen, der ihn bezichtigt hat.

§ 3

Wenn ein Bürger vor Gericht zu falschem Zeugnis aufgetreten ist, die Aussage aber, die er gemacht hat, nicht beweist, so wird dieser Bürger, wenn dieses Gericht ein Halsgericht[10] ist, getötet;

9 D.h. wenn er untergeht.
10 Prozess um Leben und Tod (dīn napištim).

§ 4

wenn er zum Zeugnis (VI) über Getreide oder Silber aufgetreten ist, so lädt er sich die jeweilige Strafe dieses Rechtsstreites auf.

§ 5

Wenn ein Richter einen Rechtsspruch gefällt, eine Entscheidung getroffen, eine Siegelurkunde ausgefertigt hat, später aber seinen Rechtsspruch umstößt, so weist man diesem Richter die Änderung des Rechtsspruches, den er gefällt hat, nach, und er gibt das Zwölffache des Klaganspruches, der in diesem Rechtsstreit entstanden ist; außerdem läßt man ihn in der Versammlung vom Stuhlsitze seiner Richterwürde aufstehen, und er kehrt nicht zurück und setzt sich mit den Richtern nicht mehr zu Gericht.

§ 6

Wenn ein Bürger Besitz eines Gottes oder eines Palastes gestohlen hat, so wird dieser Bürger getötet; auch wird der, welcher das Diebesgut aus seiner Hand angenommen hat, getötet.

§ 7[11]

Wenn ein Bürger Silber, Gold, einen Knecht, eine Magd, ein Rind, ein Schaf, einen Esel, oder Sonstiges aus der Hand des Sohnes eines Bürgers oder des Knechtes eines Bürgers ohne Zeugen und vertragliche Abmachungen gekauft, oder auch zur Verwahrung angenommen hat, so ist dieser Bürger ein Dieb: Er wird getötet.

11 Vgl. Anm. 19 zur Einleitung von Wilhelm EILERS. Nach KOSCHAKER, Hammurapi-Studien S. 73ff., ist § 7 (wie auch §§ 6 und 8) stark interpoliert.

§ 8

Wenn ein Bürger ein Rind, ein Schaf, einen Esel, ein Schwein oder ein Schiff gestohlen hat, gehört es einem Gotte oder gehört es einem Palaste, so gibt er das Dreißigfache davon; gehört es einem Untergebenen, so ersetzt er das Zehnfache davon; wenn der Dieb nichts zu geben hat, so wird er getötet.

§ 9

Wenn ein Bürger, (VII) dem ein Gut abhandengekommen ist, sein abhandengekommenes Gut in der Hand eines Bürgers greift, der Bürger, in dessen Hand das Abhandengekommene gegriffen worden ist, aber „der nämliche Verkäufer verkaufte es mir, vor Zeugen habe ich es gekauft" sagt, aber auch der Eigentümer des Abhandengekommenen „Zeugen, kundig des mir Abhandengekommenen, will ich beibringen" sagt, der Käufer den nämlichen Verkäufer, der ihm verkauft hat, und die Zeugen, vor denen er gekauft hat, beibringt, aber auch der Eigentümer des Abhandengekommenen Zeugen, kundig des ihm Abhandengekommenen, beibringt, so prüfen die Richter ihre Aussagen, und die Zeugen, vor denen der Kauf abgeschlossen wurde, aber auch die Zeugen, kundig des Abhandengekommenen, sprechen ihre Kenntnis vor dem Gott aus: Dann ist der Verkäufer ein Dieb; er wird getötet; der Eigentümer des Abhandengekommenen nimmt das ihm Abhandengekommenen an sich, der Käufer nimmt aus dem Hause[12] des Verkäufers das Geld, das er gezahlt hat an sich;

§ 10

wenn der Käufer den Verkäufer, der ihm verkauft hat, und die Zeugen, vor denen er gekauft hat, nicht beibringt, der Eigentümer des Abhandengekommenen hingegen Zeugen, kundig

12 Oder: vom Hause, d.h. Vermögen.

des ihm Abhandengekommenen, beibringt, so ist der Käufer ein Dieb, er wird getötet; der Eigentümer des Abhandengekommenen nimmt das ihm Abhandengeommene an sich;

§ 11

wenn der Eigentümer des Abhandengekommenen Zeugen, kundig des ihm Abhandengekommenen, nicht beibringt, (VIII) so ist er ein Betrüger, bösen Leumund hat er erzeugt: Er wird getötet;

§ 12[13]

wenn der Verkäufer zu seinem Schicksal eingegangen ist,[14] so nimmt der Käufer aus dem Hause des Verkäufers das Fünffache des Klaganspruches dieses Rechtsstreits;

§ 13[15]

wenn die Zeugen dieses Bürgers nicht zur Stelle sind, so setzen die Richter ihm eine Frist von 6 Monaten, und wenn er innerhalb der 6 Monate seine Zeugen nicht vorgeführt hat, so ist dieser Bürger ein Betrüger: die jeweilige Strafe dieses Rechtsstreits wird er tragen.

§ 14

Wenn ein Bürger den kleinen Sohn eines Bürgers gestohlen hat, so wird er getötet.

§ 15

Wenn ein Bürger einen Knecht des Palastes, eine Magd des Palastes, den Knecht eines Untergebenen oder die Magd eines Untergebenen zum Stadttor hat hinausgehen lassen, so wird er getötet.

---

13 Nach Koschaker, Hammurapi-Studien S. 99 (S. 95ff.), interpoliert.

14 D.h. wenn er gestorben ist.

15 Nach Koschaker, 1. c. S. 99f. jüngerer Zusatz.

§ 16[16]

Wenn ein Bürger einen flüchtigen Knecht oder eine flüchtige Magd vom Palast oder einem Untergebenen in seinem Hause verborgen hält und auf den Ruf des Herolds nicht hervorkommen läßt, so wird dieser Eigentümer des Hauses getötet.

§ 17

Wenn ein Bürger einen flüchtigen Knecht oder eine flüchtige Magd im Freien ergriffen hat und seinem/ihrem Herrn zuführt, so gibt ihm der Herr des Knechts 2 Sekel Silber;

§ 18

wenn dieser Knecht seinen Herrn nicht nennen sollte, so führt er ihn zum Palast, seine Sache wird untersucht, und man bringt ihn zu seinem Herrn zurück;

§ 19

wenn er diesen Knecht in seinem Hause zurückhalten sollte, nachher aber der Knecht (IX) in seiner Hand ergriffen wird, so wird dieser Bürger getötet;

§ 20

wenn der Knecht aus der Hand dessen, der ihn ergriff hat, entlaufen ist, so schwört dieser Bürger dem Herrn des Knechtes bei dem Gott und geht frei aus.

§ 21

Wenn ein Bürger in ein Haus (ein Loch) eingebrochen ist, so wird man ihn angesichts dieses Loches töten und aufhängen.

16 Vgl. das sumerische Bruchstück UM I_2 101 col. ii 14ff. = ibid. 100 col. ii 16ff. bei Ungnad in Zeitschrift der Savigny-Stiftung, Roman. Abteilung 41 (1920) S. 186ff. § 5(ff.).

§ 22

Wenn ein Bürger Raub begangen hat und ergriffen wird, so wird dieser Bürger getötet;

§ 23

wenn der Räuber nicht ergriffen werden sollte, so gibt der beraubte Bürger das ihm abhandengekommene Gut vor dem Gotte an, und die Stadt sowie der Bürgermeister, auf deren Grund und Gemarkung der Raub begangen wurde, ersetzen ihm das abhandengekommene Gut;

§ 24

wenn es ein Leben ist, [das dem Raube zum Opfer fiel,] so zahlen die Stadt und der Bürgermeister seinen Angehörigen 1 Mine Silber.

§ 25

Wenn im Hause eines Bürgers Feuer ausgebrochen und ein Bürger, der zum Löschen gegangen ist, auf die bewegliche Habe des Hauseigentümers sein Auge erhoben hat[17] und Gerät des Hauseigentümers sich aneignet, so wird dieser Bürger in ebendieses Feuer geworfen.

§ 26

Wenn ein Soldat oder ein Netzkämpfer dem zum Feldzuge des Königs mitzugehen (X) befohlen worden ist, nicht gegangen ist, oder einen Mietling gemietet und an seiner Statt abgeschickt hat, so wird dieser Soldat oder Netzkämpfer getötet; der von ihm Gemietete erhält sein Haus.

17 D.h. wenn er sie begehrlich angesehen hat.

§ 27

Wenn ein Soldat oder ein Netzkämpfer in die Festung des Königs eingetreten ist[18] und man nach seinem Wegbleiben sein Feld oder seinen Baumgarten einem anderen gegeben hat und dieser seiner Lehnspflicht nachgeht und jener zurückkommt und zu seiner Stadt hingelangt, so gibt man ihm sein Feld oder seinen Baumgarten zurück, und er geht selbst seiner Lehnspflicht wieder nach.

§ 28

Wenn der Sohn eines Soldaten oder eines Netzkämpfers, der in die Festung des Königs eingetreten ist, der Lehnspflicht nachzugehen vermag, so gibt man ihm das Feld oder den Baumgarten, und er geht der Lehnspflicht seines Vaters nach;

§ 29

wenn sein Sohn zu klein ist und der Lehnspflicht seines Vaters nicht nachzugehen vermag, so wird ein Dritteil von Feld oder Baumgarten seiner Mutter gegeben, und seine Mutter zieht ihn groß.

§ 30[19]

Wenn ein Soldat oder ein Netzkämpfer sein Feld, seinen Baumgarten oder sein Haus angesichts [der Schwere] der Lehnspflicht aufgegeben hat und sich fernhält, ein anderer nach seinem Wegbleiben sein Feld, seinen Baumgarten oder sein Haus in Besitz genommen hat und drei Jahre lang seiner Lehnspflicht nachgegangen ist, so wird, wenn er zurückkommt und sein Feld, seinen Baumgarten und sein Haus

---

18 Zur Verrichtung des Festungsdienstes.

19 In bemerkenswerter Übereinstimmung das sumerische Fragment UM I_2 101 col. iv 10ff. = ibid.100 col. iv 15ff., bei UNGNAD in Zeitschr. d. Savigny-Stiftung Roman. Abtleilung 41 (1920) S. 186ff. § 11.

verlangt, es ihm nicht gegeben; (XI) [sondern] der, welcher von ihnen Besitz ergriffen hat und seiner Lehnspflicht nachgegangen ist, wird der Lehnspflicht auch weiterhin nachgehen;

§ 31

wenn er sich nur ein Jahr lang fernhält und zurückkommt, so wird ihm sein Feld, sein Baumgarten und sein Haus zurückgegeben, und er selbst geht seiner Lehnspflicht wieder nach.

§ 32

Wenn ein Kaufmann einen Soldaten oder einen Netzkämpfer, der auf dem Feldzuge des Königs weggeführt worden ist[20], ausgelöst und ihn zu seiner Stadt hat hingelangen lassen, so löst dieser, wenn in seinem Hause etwas zum Auslösen vorhanden ist, sich selbst aus; wenn in seinem Hause nichts zu seiner Auslösung vorhanden ist, so wird er im Hause des Gottes seiner Gemeinde ausgelöst; wenn im Hause des Gottes seiner Gemeinde zu seiner Auslösung nichts vorhanden ist, so löst ihn der Palast aus; sein Feld, sein Baumgarten und sein Haus wird nicht als Lösung für ihn hingegeben.

§ 33

Wenn ein Hauptmann oder ein Feldwebel aus ihrer Arbeit herausgerissene Leute[21] bekommen hat oder für den Feldzug des Königs einen Mietling zum Ersatz angenommen und hinausgeführt hat, so wird dieser Hauptmann oder Feldwebel getötet.

§ 34

Wenn ein Hauptmann oder ein Feldwebel sich die bewegliche Habe eines Soldaten angeeignet, einen Soldaten um sein

20 D.h. wen er in Kriegsgefangenschaft geraten ist.
21 Siehe v. Soden, Akkadisches Handwörterbuch unter nisḫu(m).

Recht gebracht, einen Soldaten gegen Mietlohn weggegeben, einen Soldaten im Rechtsstreit einem Mächtigen preisgegeben oder die Gabe, die der König dem Soldaten gegeben hat, sich aneignet hat, so wird dieser Hauptmann oder Feldwebel getötet.

§ 35

Wenn ein Bürger Rindvieh oder Kleinvieh, das der König dem Soldaten gegeben hat, (XII) aus der Hand des Soldaten gekauft hat, so geht er seines Geldes verlustig;

§ 36

das Feld, der Baumgarten und das Haus eines Soldaten, Netzkämpfers oder Abgabepflichtigen wird nicht für Silber gegeben.

§ 37

Wenn ein Bürger Feld, Baumgarten oder Haus eines Soldaten, Netzkämpfer oder Abgabepflichtigen gekauft hat, so wird seine Tafel zerbrochen, außerdem geht er seines Geldes verlustig; das Feld, der Baumgarten oder das Haus fällt seinem Eigentümer wieder zu;

§ 38

ein Soldat, Netzkämpfer oder Abgabepflichtiger kann vom Felde, Baumgarten oder Haus seines Lehens seiner Ehefrau oder seiner Tochter nichts verschreiben, auch kann er (davon) nichts für seine Schuldverpflichtung hingeben;

§ 39

von dem Felde, Baumgarten oder Haus, das er durch Kauf bekommen hat, darf er [dagegen] seiner Ehefrau oder seiner Tochter etwas verschreiben; auch kann er [davon etwas] für seine Schuldverpflichtung hingeben;

§ 40

eine Naditu-Priesterin, ein Kaufmann und einer, der für einen anderen eine *ilkum*-Verpflichtung[22] trägt, kann sein Feld, seinen Baumgarten oder sein Haus verkaufen; der Käufer geht der Lehnspflicht des Feldes, Baumgartens oder Hauses, das er gekauft hat, nach.

§ 41

Wenn ein Bürger Feld, Baumgarten oder Haus, gehörig einem Soldaten, Netzkämpfer oder Abgabepflichtigen, eingetauscht, auch den Zuschlag bezahlt hat, so kehrt der Soldat, der Netzkämpfer oder der Abgabepflichtige zu seinem Felde, seinem Baumgarten oder seinem Hause zurück; auch erhält er den Zuschlag, der ihm gezahlt wurde.

§ 42

Wenn ein Bürger ein Feld zur Bebauung gepachtet hat und auf dem Felde Getreide nicht hervorbringt, so weist man ihm nach, daß er an dem Felde keine Arbeit (XIII) geleistet hat, und er gibt dem Eigentümer des Feldes Getreide entsprechend seinem Nachbargrundstück;

§ 43

wenn er das Feld nicht bebaut hat, sondern es brach werden läßt, so gibt er dem Feldeigentümer Getreide entsprechend seinem Nachbargrundstück; auch zieht er auf dem Felde, das er hat verfallen lassen, Furchen, eggt es und gibt es dem Eigentümer des Feldes zurück.

22 Pflichtleistung für Landzuteilung.

§ 44

Wenn ein Bürger Brachland auf drei Jahre zur Urbarmachung gepachtet hat, dann aber die Hände in den Schoß legt und das Feld nicht urbar macht, so zieht er im vierten Jahre Furchen auf dem Felde, bearbeitet es mit der Spitzhacke, auch eggt er es und gibt es dem Feldeigentümer zurück; ferner gibt er ihm auf je 64 800 qm 3000 l Getreide dar.

§ 45[23]

Wenn ein Bürger sein Feld gegen Abgabe einem Pächter gegeben hat und die Abgabe seines Feldes annimmt, später [der Gott] Adad das Feld überschwemmt oder eine Hochflut es wegschwemmt, so ist der Schaden Sache des Pächters;

§ 46

wenn er aber die Abgabe seines Feldes (noch) nicht erhalten hat, sei es nun, daß er das Feld auf Halbpart, sei es, daß er es auf Drittteil gegeben hatte, so teilen das Getreide, das auf dem Felde hervorgebracht wird, der Bebauer und der Feldeigentümer nach dem festgesetztem Verhältnis.

§ 47

Wenn ein Pächter, weil er im vorigen Jahre seinen Arbeitsaufwand nicht erbracht hat[24], das Feld zu bebauen verspricht,[25] so macht der Feldeigentümer keine Schwierigkeiten, sein Pächter vielmehr bebaut sein Feld, und in der Erntejahreszeit nimmt er gemäß seinen vertraglichen Abmachungen das Getreide.

---

23 Über diesen und den folgenden Paragraphen s. KOSCHAKER in Abhandlungen. d. Sächsischen Akademie der Wissenschaften, Phil.-historische Klasse 421 (1931) S. 93[3] (Erklärungsversuch gegenüber dem in Anm. 19 der Einleitung von uns Bemerkten).

24 D.h. wohl: wenn er nicht auf seine Kosten gekommen war.

25 Oder: wenn er einen Dritten mit der Bebauung beauftragt (?). Die Übersetzung ist unsicher.

§ 48

Wenn auf einem Bürger eine Zinsschuld (XIV) ruht und [der Gott] Adad sein Feld überschwemmt oder eine Hochflut es wegschwemmt, oder aus Wassermangel auf dem Felde kein Getreide hervorgebracht wird, so führt er in diesem Jahre kein Getreide an seinen Gläubiger ab, seine Tafel weicht er auf[26], auch gibt er keinen Zins für dieses Jahr.

§ 49

Wenn ein Bürger Geld von einem Kaufmann geliehen hat und dem Kaufmann ein Feld von Getreide- oder Sesampflanzungen gegeben und ihm „bebaue das Feld und das Getreide oder den Sesam, der (darauf) hervorgebracht wird, sammle ein, nimm hin!“ gesagt hat, so nimmt, wenn der Pächter auf dem Felde Getreide oder Sesam hervorbringt, der Feldeigentümer in der Erntezeit das Getreide oder den Sesam, der auf dem Felde hervorgebracht wurde, und gibt dem Kaufmann das Getreide für sein Geld samt seinem Zins, das er von dem Kaufmann entliehen hatte, dazu den Arbeitsaufwand für das Bebauen;

§ 50

wenn er ein bebautes [Getreide-]Feld oder ein bebautes Sesamfeld hingibt, so nimmt der Feldeigentümer das Getreide oder den Sesam, der auf dem Felde hervorgebracht wird, das Silber samt seinem Zins gibt er dem Kaufmann zurück;

§ 51

wenn er Geld zum Zurückgeben nicht hat, so gibt er dem Kaufmann Getreide oder Sesam gemäß ihren Wertverhältnissen für sein Geld samt seinem Zins, was er vom Kaufmann

26 Zum Zwecke der Textänderung (sog. Rasur).

entliehen hatte, entsprechend dem Wortlaut der Tafel des Königs;

§ 52

(XV) wenn der Pächter auf dem Felde kein Getreide oder Sesam hervorbringt, so kann er seine vertraglichen Abmachungen nicht umstoßen.

§ 53

Wenn ein Bürger bei der Befestigung seines Felddeiches die Hände in den Schoß gelegt und seinen Deich nicht befestigt hat, in seinem Deiche eine Öffnung entsteht, er gar die Flur vom Wasser wegschwemmen läßt, so ersetzt der Bürger, der in seinem Deich die Öffnung hat entstehen lassen, das Getreide, das er dadurch vernichtet hat;

§ 54

wenn er das Getreide nicht zu ersetzen vermag, so verkauft man ihn und seine Habe für Silber, und die Bebauer des Feldes, deren Getreide das Wasser weggeschwemmt hat, teilen [den Erlös].

§ 55

Wenn ein Bürger seinen Graben zur Bewässerung öffnet, die Hände dann aber in den Schoß gelegt und so sein Nachbarfeld vom Wasser hat fortschwemmen lassen, so gibt er Getreide entsprechend seinem Nachbargrundstück;

§ 56

wenn ein Bürger die Wasser eingelassen und so die Pflanzungen seines Nachbarfeldes vom Wasser hat fortschwemmen lassen, so gibt er auf je 64 800 qm 3000 l Getreide dar.

§ 57

Wenn ein Hirte über das Abfressenlassen von Kräutern durch das Kleinvieh mit dem Eigentümer eines Feldes keine Vereinbarung trifft und ohne Erlaubnis des Feldeigentümers das Feld vom Kleinvieh abfressen lässt, so erntet der Feldeigentümer sein Feld ab, der Hirte, der ohne Erlaubnis des Feldeigentümers. das Feld vom Kleinvieh hat abfressen lassen, gibt darüber hinaus dem Feldeigentümer auf je 64 800 qm 3000 l Getreide.

§ 58

Wenn ein Hirte, nachdem das Kleinvieh von der Flur heraufgekommen und die „Gefäße der Allgemeinheit“[27] im Stadttor aufgehängt worden waren, das Kleinvieh auf das Feld getrieben hat und das Feld vom Kleinvieh abfressen lässt, so bringt der Hirt das Feld, das er hat abweiden lassen, in Ordnung und gibt in der Erntejahreszeit auf je 64 800 qm 18 000 l Getreide dem Feldeigentümer dar.

§ 59[28]

Wenn ein Bürger ohne Erlaubnis des Eigentümers eines Baumgartens im Baumgarten eines Bürgers einen Baum fällt, so zahlt er $^1/_2$ Mine Silber.

§ 60

Wenn ein Bürger ein Feld zur Anpflanzung eines Baumgartens einem Gartenbauer gibt, der Gartenbauer den Baumgarten

---

27 Diese Textstelle macht große Probleme. Jeglicher Erklärungsversuch ist bisher fehlgeschlagen. LANDSBERGER erwog: „(Stroh-)Bänder des (Weide-)schlusses“.

28 Fast wörtlich entsprechend das sumerische Fragment UM I_2 101 col. i 17ff. = ibid.100 col. i 16ff., bei UNGNAD in Zeitschrift der Savigny-Stiftung, Roman. Abteilung 41 (1920) S. 186ff. § 3.

anpflanzt, so zieht er vier Jahre lang den Baumgarten groß, im fünften Jahre teilen der Eigentümer des Baumgartens und der Gartenbauer zu gleichen Teilen; der Eigentümer des Baumgartens wählt seinen Anteil und nimmt (ihn) zuerst;

§ 61[29]

wenn der Gartenbauer mit der Anpflanzung des Feldgrundstückes nicht fertig wird, sondern Brache übrig lässt, so rechnet man ihm die Brache auf seinen Teil an;

§ 62

wenn er das Feld, das ihm gegeben worden ist, zum Baumgarten nicht umarbeitet, so gibt, wenn eine Saatfurche vorhanden ist, der Gartenbauer die Abgabe des Feldes für die Jahre, in denen es brach gelegen hat, dem Feldeigentümer gemäß seinem Nachbargrundstück; dazu nimmt er an dem Felde die [nötige] Arbeit vor und gibt es dem Feldeigentümer zurück;

§ 63

wenn es Brachland ist, so nimmt er an dem Feld die [nötige] Arbeit vor und gibt (es) dem Feldeigentümer zurück; dazu gibt er auf je 64 800 qm 3000 Getreide für ein Jahr.

§ 64

Wenn ein Bürger seinen Baumgarten einem Gartenbauer zur Befruchtungsarbeit übergeben hat, so gibt der Gartenbauer, Solange er den Baumgarten innehat, von dem Ertrage des Baumgartens zwei Drittel dem Eigentümer des Baumgartens, den dritten Teil nimmt er selbst;

---

29 Vgl. das sumerische Bruchstück UM I_2 101 col. i 1ff. = ibid. 100 col. i 1ff., bei UNGNAD a. a. O. § 1.

§ 65

wenn der Gartenbauer den Baumgarten nicht zur Befruchtung gebracht hat und (dadurch) den Ertrag schmälert, so gibt der Gartenbau er die Abgabe des Baumgartens gemäß seinem Nachbargrundstück [(XXVII)][30].

§ 66

Wenn ein Bürger Geld von einem Kaufmann entliehen hat und der Kaufmann (es) von ihm einfordert, er aber was er zu geben hat nicht besitzt, (und wenn) er seinen Baumgarten nach der Befruchtung dem Kaufmann gibt und „alle Datteln, die im Baumgarten hervorgebracht werden, nimm hin für dein Geld!" ihm gesagt hat, der Kaufmann sich damit nicht einverstanden erklärt; So nimmt die Datteln, die im Baumgarten hervorgebracht werden, der Eigentümer des Baumgartens, und das Silber samt seinem Zins begleicht er dem Kaufmann dem Wortlaut seiner Tafel gemäß; die überschüssigen Datteln aber, die im Baumgarten hervorgebracht werden, nimmt der Eigentümer des Baumgartens (an sich).

§ 67

Wenn ein Bür[ger] ein Haus b[aut], sein Nachbar [...] (Der Rest des Textes ist abgebrochen).

[§ 70]

[... gi]bt er ihm.

[§ 71]

Wenn er Getreide, Silber oder (andere) Habe für ein zu Lehen gegebenes Haus, zugehörig seinem Nachbarn, das er kaufen

30 Von hier ab die große Lücke von sieben Kolumnen auf der Stele. Die folgenden Paragraphen sind einigen Abschriften entnommen; ihre Anordnung folgt Raumberechnung und inhaltlichen Merkmalen.

will, hingibt, so geht er all dessen, was er (dafür) hingegeben hat, verlustig; das Haus fällt an seinen Eigentümer zurück; wenn dies Haus keine Lehenspflicht trägt, so kann er (es) kaufen; für dieses Haus kann er Getreide, Silber oder (andere) Habe hingeben.

[§ 72]

Wenn ein Bür[ger] eine un[bebautes Grundstück (?)] ohne (Erlaubnis) [seines Nachbar]n beb[aut] (?) (oder) im Hause [seines Nachbarn (?)] ein [...] b[aut], ins [Haus seines Nachbarn eintritt (?)] (Der Rest des Textes ist abgebrochen).

[§ 73]

[...] die (Mauer-)Br[esche[31]...] der Eigentümer [des Hauses (?)]; wenn das H[aus ?) ...,] so er [setzt] der Eigentümer [des Hauses (?)] alles, was [...].

[§ 74]

Wenn [...]. (Der Rest des Textes ist abgebrochen.)

[§ 76][32]

[Wenn ein Bürger ... dem Eigentümer einer Stiege ...] „deine [Mauer-]Bresche [s]ichere, von (?) deinem Hause steigt man zu mir herüber“[33] (oder) dem Eigentümer des unbebauten Grundstückes „dein unbebautes Grundstück baue, [v]on deinem unbebauten Grundstück aus bricht man in mein [Hau]s (?) herüber ein“ [ges]agt (!) und [eine Frist (?)] gesetzt hat, [...] in der [Mauer-]Bresche (Der Rest des Textes ist abgebrochen).

31 B. Meissner in OLZ 21 (1918) Sp. 172f.: Leiter. Begründung später in OLZ.

32 Vgl. das sumerische Bruchstück UM I_2 101 col. i 22ff. = ibid. 100 col. ii 1ff., bei Ungnad in: Zeitschrift der Savigny-Stiftung, Roman. Abteilung 41 (1920) S. 186ff. § 4.

33 Oder: Kann man ... .

[§ 78]

[Wenn ein Bürger einem (anderen) Bürger ein Haus vermietet und] der (zur Miete) wohnende (?) Bürger [sein] Mietgeld vollständig] für das Jah[r] dem [Haus-]eigentümer gegeben hat und (nun) der Hauseigentümer den Be[wohner], ohne daß [seine] Frist verstrichen wäre, auszie[hen] heiß[t], so geht der Hauseigentümer, weil er den Bewohner, ohne daß [seine] Frist verstrich[en war], aufgefordert hat, aus seinem Hause auszuziehen, des Silbers, das der Bewohner ihm gegeben hat, verlustig. (Es folgt eine große Lücke.)

[§ 87][34]

[... gibt] man ihm zur[ück (?)].

[§ 88]

Wenn ein Kauf[ma]nn Get[reide oder Silber][35] als Zinsdarlehen [hingibt], so nimmt er auf je 300 l 60 l[36] Getreide als Zins; wenn er Silber (Geld) als Zinsdarlehen gibt, so nimmt er auf 1 Sekel Silber $^{1}/_{6}$ (Sekel) und 6 Gran[37] als Zins.

[§ 89]

Wenn ein Bü[rg]er, der eine Zinsschuld [ha]t, Geld zur Rü[ckz]ahlung (indes) nicht hat, (wohl aber) Getreide [ha]t, so

34 Bearbeitung der folgenden nur in UM V 93 col. i erhaltenen Paragraphen von Poebel in OLZ 18 (1915) Sp. 161ff.; 193ff.; 225ff.; 257ff., von Schorr in Rocznik Oryentalistyczny I (1914/15; deutsches Bulletin dazu S. 7ff.), von Scheil in RA 13 (1916) S. 49ff. und von Cuq, Les nouveaux fragments du Code de Hammourabi (1918). Dazu vgl. Koschaker in OLZ 26 (1923) S. 65ff.

35 Im Text irrtümlich Silber (Geld).

36 D.h. 20 % (s. Leipziger rechtswissenschaftliche Studien, Heft 65 S. 14[3]).

37 Ebenfalls 20%.

nimmt [der Kaufmann (?) für] das Geld und seinen Zins Getreide nach den Tarifbestimmungen des Königs.

[§ 90]

[Wenn] ein Kaufmann als Zins mehr als auf 300 l [Getreide 60 l (oder) auf 1 Sekel mehr als] $^{1}/_{6}$ <Sekel> und 6 G[ran Silbe] r [nimmt (?)], so geht er a[ll dessen], was er hingegeben hat, ver[lustig].

[§ 91]

Wenn ein Kaufmann Getreide oder Silber gegen Zins hingegeben hat und als Zins [für] das Getreide und Silber [...] nimmt un[d ... so werden Getreide und Silber [...] nicht [... etwa: nicht zusammen auf die Rechnung gesetzt (?)]. (Es folgt eine Lücke.)

[§ 93]

[Wenn ein Kaufmann (?) ...] oder Ge[treide und (oder) (?) ...,] soviel er genommen hat, nicht abzieht und eine neue Tafel nicht schreibt oder die Zinsen zum Kapital schlägt, so gibt dieser Kaufmann alles Getreide, das er bekommen hat, doppelt zurück.

[§ 94]

Wenn ein Kaufmann Getreide oder Geld als Zinsdarlehen hingegeben hat und bei der Hingabe als Zinsdarlehen das Silber nach dem kleinen [Gewichts-]Stein oder das Getreide nach dem kleinen Maß gemessen hat, bei der Annahme dagegen das Silber nach dem [großen] Stein, das Getreide nach dem großen Maß annimmt, so geht [dieser Kaufmann a]ll dessen, [was er hingegeben hatte], verlustig.

[§ 95]

Wenn ein [Kaufmann (?) ...] als Zinsdarlehen hingegeben hat und [...] und [...] hi[ng]ibt, so geht er all dessen, was er hingegeben hat, verlustig.

[§ 96]

Wenn ein Bürger Getreide oder Geld von einem Kaufmann entliehen hat und Getreide oder Geld zur Rückgabe nicht hat, [wohl aber andere] Habe hat, so gibt er alles, was in seiner Hand sich befindet, vor Zeugen dafür, daß er [es wirklich] bringt (?), dem Kaufmann; der Kaufmann wird keine Schwierigkeiten machen und nimmt (dies) an. (Es folgt eine Lücke.)

§ 97

[...,] so wird er getöt[et].

§ 98[38]

Wenn ein Bürger einem Bürger Geld auf Gemeinschaft gegeben hat, so teilen sie den Gewinn und Verlust, der entsteht, vor Gott (?) zu gleichen Teilen.

§ 99[39]

Wenn ein Kaufmann einem Beutelträger Geld zum Handeln gegeben und ihn auf die Reise geschickt hat, so [...];

§ 100

wenn er dort, wohin er gezogen ist, [Gewinn] erblickt hat, (XXIV[40]) so reiht er die Zinsen all des Geldes, das er empfan-

38 Vgl. Zeitschrift der Deutschen Morgenländischen Gesellschaft (ZDMG) 86 (1932) S. 371[1]; Leipziger rechtswissenschaftliche Studien, Heft 65 (1931) S. 35[1]; 36 f.

39 Über §§ 99-107 ebda. S. 5[5]; OLZ 34 (1931) Sp. 934.

40 Von hier ab wieder der Text der Stele.

gen hat, auf, dann zählt man seine Tage[41], und er befriedigt seinen Kaufmann;

§ 101

wenn er dort, wohin er gezogen ist, Gewinn nicht erzielt, so gibt der Beutelträger das Geld, das er genommen hat, dem Kaufmann doppelt.

§ 102

Wenn ein Kaufmann einem Beutelträger Geld als Geschäftsreisevorschuss[42] gibt und dieser dort, wohin er gezogen ist, Verlust erlitten hat, so gibt er dem Kaufmann den Kapital an Geld zurück;

§ 103

wenn ein Feind auf der Straße, auf der er zieht, ihn alles, was er trägt, im Stich zu lassen nötigt, so schwört der Lehrling bei dem Gotte und geht frei aus.

§ 104

Wenn ein Kaufmann einem Beutelträger Getreide, Wolle, Öl und sonstige Habe zum Verkauf gegeben und der Lehrling das Geld eingetragen und es dem Kaufmann zurückgegeben hat; so nimmt der Beutelträger eine Siegeltafel über das Geld, das er dem Kaufmann hingibt;

§105

wenn der Beutelträger nachlässig ist und eine Siegeltafel über das Geld, das er dem Kaufmann gegeben hatte, nicht nimmt,

41 Die Bedeutung ist unklar.

42 Wörtlich: „Zum Gutmachen“ im Sinne von „Arbeiten lassen“, hier wohl zu Gunsten des Beutelträgers, vgl. Leipziger rechtswissenschaftliche Studien Heft 65 (1931) S. 35[1]; 36f., Heft 65, S. 28[2]; Eisser-Lewy in: MVAeG 33 (1930) S. 239 Anm. b.

so wird das Silber, das keine Siegeltafel hat, nicht auf die Abrechnung gesetzt.

§ 106

Wenn ein Beutelträger Geld von einem Kaufmann erhalten hat und dies seinem Kaufmann ableugnet, so weist dieser Kaufmann dem Beutelträger vor dem Gotte und Zeugen von dem Geld genommen zu haben nach, und der Beutelträger gibt dem Kaufmann alles Geld, das er genommen hat, dreifach.

§ 107

Wenn ein Kaufmann einem Beutelträger Geld anvertraut und der Beutelträger alles, was der Kaufmann ihm gegeben hatte, dem Kaufmann (XXV) zurückgibt, der Kaufmann alles, was der Beutelträger ihm zurückgegeben hatte, ihm ableugnet, so überführt dieser Beutelträger den Kaufmann vor dem Gotte und Zeugen, und der Kaufmann gibt, weil er seinem Beutelträger dies abgeleugnet hatte, alles, was er gab, dem Beutelträger sechsfach.

§ 108

Wenn eine Schankwirtin als Preis für Bier kein Getreide annimmt, hingegen nach dem [Gewicht des] großen Stein[es] Geld annimmt, dazu den Handelspreis für das Bier gegenüber dem Handelspreis des Kornes erhöht[43], so weist man es dieser Schankwirtin nach[44] und wirft sie ins Wasser.

---

43 Eigentlich: die auf die Geldeinheit berechnete Warenmenge (maḫiru) des Bieres gegenüber der auf die Geldeinheit berechneten Warenmenge des Kornes schmälert.

44 UM V 93 col. iv (Z. 3 v. u.) bietet ikassūšīma „so bindet man die Schankwirtin."

§ 109

Wenn eine Schankwirtin, in deren Haus Betrüger sich zusammengeschlossen haben, diese Betrüger nicht greift und dem Palast nicht zuführt,[45] so wird diese Schankwirtin getötet.

§ 110

Wenn eine Naditu-Priesterin, eine Entu-Priesterin, die im Kloster nicht wohnt, das Haus einer Schankwirtin öffnet oder [sogar] auf ein Bier in das Haus einer Schankwirtin eintritt, so wird diese Bürgerin verbrannt.

§ 111

Wenn eine Schankwirtin einen Bierkrug leihweise hingibt, so nimmt sie dafür zur Erntejahreszeit 5 l Getreide.

§ 112

Wenn ein Bürger sich auf Geschäftsreise befindet, Silber, Gold, Edelstein oder sonstige bewegliche Habe seiner Hand einem Bürger gegeben hat und sie ihn als Beförderungsgut hat befördern lassen, dieser Bürger aber alles, was zu befördern ist, dort, wohin es zu befördern ist, nicht abgeliefert, sondern beiseite gebracht hat, so überführt der Eigentümer des Beförderungsgutes diesen Bürger wegen aller Dinge, die zu befördern waren, er aber nicht abgeliefert hat, und dieser Bürger gibt dem Eigentümer des Beförderungsgutes fünffach alles, was ihm übergeben worden ist.

§ 113

Wenn ein Bürger gegenüber einem Bürger (XXVI) [eine Forderung auf] Getreide oder Silber hat und ohne Erlaubnis des Getreideeigentümers Getreide aus dem Speicher oder von der

45 Original Präteritum.

Tenne sich angeeignet hat, so weist man diesem Bürger nach, daß er sich ohne Erlaubnis des Getreideeigentümers aus dem Speicher oder von der Tenne Getreide angeeignet hat, und er bringt alles Getreide, das er entnommen hat, zurück; auch geht er all des Sonstigen, was er hingegeben hatte, verlustig.

§ 114

Wenn ein Bürger gegenüber einem Bürger [eine Forderung auf] Getreide oder Geld nicht hat, ihm aber dennoch seinen Pfändling[46] pfändet, so zahlt er für den einzelnen Pfändling $^1/_3$ Mine Silber.

§ 115

Wenn ein Bürger gegenüber einem Bürger [eine Forderung auf] Getreide oder Geld hat und ihm seinen Pfändling gepfändet hat, der Pfändling aber im Hause seines Pfandgläubigers zu seinem Schicksal eingeht,[47] so gibt es in diesem Rechtsfall keinen einklagbaren Anspruch.

§ 116

Wenn ein Pfändling im Hause seines Pfandgläubigers durch Schlagen oder Schinden stirbt, so weist der Eigentümer des Pfändlings es seinem Kaufmann[48] nach, und wenn es ein Sohn des Bürgers war, so tötet man seinen Sohn; wenn es ein Knecht des Bürgers war, so zahlt er $^1/_3$ Mine Silber; auch geht er all dessen, was er ihm [als Darlehen] hingegeben hatte, verlustig.

§ 117

Wenn ein Bürger eine Schuldverpflichtung eingegangen ist und er seine Ehefrau, seinen Sohn oder seine Tochter deshalb verkauft oder diese in ein Abhängigkeitsverhältnis gegeben

---

46 S. Stichwortverzeichnis
47 D.h. stirbt.
48 Als typischem Pfandgläubiger.

hat, so führen sie 3 Jahre lang das Haus ihres Käufers oder dessen der sie in ein Abhängigkeitsverhältnis genommen hat, im vierten Jahre wird ihre Freilassung bewirkt;

§ 118

wenn ein Knecht oder eine Magd in ein Abhängigkeitsverhältnis gegeben werden, der Kaufmann sie vorübergehen läßt (= an einen anderen übergibt), für Silber verkauft; so findet Vindikation nicht statt.

§ 119

Wenn ein Bürger eine Schuldverpflichtung eingegangen ist, und er deshalb eine Magd von sich, die ihm Söhne geboren hat, für Silber weggibt, (XXVII) so kann der Herr der Magd das Silber, das der Kaufmann gezahlt hatte, zahlen und seine Magd auslösen.

§ 120

Wenn ein Bürger sein Getreide zur Speicherung im Hause eines Bürgers aufspeichert und in dem Schuppen Verlust entsteht, oder[49] der Eigentümer des Hauses den Speicher öffnet und Getreide sich aneignet, oder sogar das Getreide, das in seinem Hause aufgeschüttet ist, gänzlich ableugnet, so gibt der Eigentümer des Getreides vor dem Gotte sein Getreide genau an, und der Hauseigentümer gibt das Getreide, das er sich angeeignet hatte (!), dem Eigentümer des Getreides doppelt.

49 Nach KOSCHAKER, Hammurapi-Studien S. 68f.: „sei es daß ...", also nur zwei Tatbestände, die unter dem gemeinsamen Wort „Abgang" zusammengefaßt werden. Der zweite Tatbestand wäre dann Interpolation (S. 71). Indessen sprechen grammatische Bedenken dagegen.

§ 121

Wenn ein Bürger im Hause eines Bürgers Getreide aufspeichert, so gibt er auf 300 l Getreide 5 l Getreide Speichermiete pro Jahr.

§ 122[50]

Wenn ein Bürger einem Bürger Silber, Gold oder Sonstiges zur Verwahrung hingibt, so zeigt er alles, was er hingibt, den Zeugen, setzt vertragliche Abmachungen auf und gibt es zur Verwahrung hin;

§ 123

wenn er es ohne Zeugen und vertragliche Abmachungen zur Verwahrung hingegeben hat und man es ihm dort, wo er es hin gegeben hat, ableugnet, so gibt es in diesem Rechtsfall keinen einklagbaren Anspruch.

§ 124

Wenn ein Bürger einem Bürger Silber, Gold oder alles Sonstige vor Zeugen zur Verwahrung hingibt und dieser es ihm ableugnet, so weist man es diesem Bürger nach, und er gibt alles, was er abgeleugnet hatte, doppelt.

§ 125

Wenn ein Bürger einen ihm gehörigen Gegenstand zur Verwahrung gegeben hat und dort, wohin er ihn gegeben hat, sei es durch Einbruch, sei es durch Übersteigen[51] der ihm gehörige Gegenstand mit einem Gegenstande vom Hauseigentümer

50 Die §§ 122–130 sind nach KOSCHAKER 1. c. S. 20; 23ff. (§§ 122–124); S. 26ff. (§§ 125f.); S. 111ff. (§ 128); S. 201ff. (§ 127); S. 145ff. (§ 130) stark überarbeitet.

51 Vgl. S. 47 Anm. 1. Eigentlich durch Loch oder Bresche (in der Mauer).

gleichzeitig abhanden kommt, so ersetzt der Hauseigentümer, welcher nachlässig gewesen, alles, was er [der andere] ihm zur Verwahrung gegeben hat und er ihm abhandenkommen ließ, vollständig (XXVIII) dem Eigentümer des Gutes; der Hauseigentümer forscht all dem Abhandengekommenen nach und nimmt es von dem, der ihn bestohlen hat.

§ 126

Wenn ein Bürger, dem gar kein Gegenstand abhandengekommen ist, doch „mir ist ein Gegenstand abhandengekommen" sagt und seine Behörde bezichtigt, so überführt seine Behörde ihn vor Gotte, daß ihm kein Gegenstand abhandengekommen ist, und alles, worauf er einen einklagbaren Anspruch erhoben hatte, gibt er seinem Behörde doppelt.

§ 127

Wenn ein Bürger über eine Entu-Priesterin oder die Ehefrau eines Bürgers den Finger [zum Zeichen übler Nachrede] ausgestreckt hat, aber nichts beweist, so schleppt man diesen vor die Richter, auch[52] scheren sie seine Schläfe.

§ 128

Wenn ein Bürger eine Ehefrau genommen, aber keine vertraglichen Abmachungen über sie aufsetzt, so ist diese Frau keine Ehefrau.

§ 129

Wenn die Ehefrau eines Bürgers beim [Zusammen-]Liegen mit einem anderen Manne ergriffen worden ist, so bindet man sie beide und wirft sie ins Wasser; wenn der Herr der Ehefrau seiner Ehefrau am Leben lässt, so lässt auch der König seinen Knecht am Leben.

52 Außer der verwirkten Strafe? Könnte jüngerer Zusatz sein.

§ 130

Wenn ein Bürger die Ehefrau eines Bürgers, die einen Mann noch nicht erkannt hat und im Hause ihres Vaters wohnt, knebelt und in ihrem Schoß liegt und man ihn dabei greift, so wird dieser Bürger getötet; diese Frau wird unbehelligt gelassen.

§ 131

Wenn die Ehefrau eines Bürgers von ihrem Ehemann bezichtigt[53], beim Zusammenliegen mit einem anderen Manne aber nicht ergriffen worden ist, so schwört sie bei dem Gotte und kehrt zu ihrem Hause zurück.

§ 132

Wenn über die Ehefrau eines Bürgers wegen eines anderen Mannes der Finger [zum Zeichen übler Nachrede] ausgestreckt worden ist, sie aber beim Zusammenliegen (VIr) mit einem anderen Manne nicht ergriffen wird, so taucht sie ihrem Ehemann zuliebe in den Fluß[54].

§ 133A

Wenn ein Bürger im Krieg weggeführt worden ist, in seinem Hause aber zu essen noch vorhanden ist, [so hält] seine Ehefrau, solange der Ehemann gefangen ist, ihre Habe in Obhut. Solange der Ehemann gefangen ist; [tr]itt sie [nicht] ins Haus eines anderen ein;[55]

---

53 Konstruktion mit absolutem Nominativ, daher wörtlich: Wenn die Ehefrau eines Bürgers — ihr Ehemann hat sie bezichtigt usw.

54 Eigentlich: in die Flußgottheit.

55 D.h.: wird sie nicht Teil von dessen Hausgemeinschaft.

§ 133B

[wenn] diese Frau ihre Ha[be] (?)[56] nicht in Obhut hält, sondern ins Haus eines anderen eintritt, so weist man es dieser Frau nach und wirft sie ins Wasser.

§ 134

Wenn ein Bürger in Kriegsgefangenschaft geraten ist und in seinem Hause nichts mehr zu essen vorhanden ist, so darf seine Ehefrau in das Haus eines anderen eintreten; diese Frau trifft keine Strafe.

§ 135

Wenn ein Bürger im Krieg weggeführt wurde und in seinem Hause nichts (mehr) zu essen vorhanden ist, vor seiner Rückkehr[57] seine Ehefrau ins Haus eines anderen eintritt und Kinder gebiert, nachher ihr Ehemann zurückkommt und zu seiner Stadt hingelangt, so kehrt diese Frau zu ihrem ersten Ehemann zurück, die Kinder folgen ihrem Vater.

§ 136

Wenn ein Bürger seine Stadt verlässt und flieht, danach seine Ehefrau ins Haus eines anderen eintritt, so kehrt, wenn dieser Bürger zurückgekommen ist und seine Ehefrau greift, weil er seine Stadt verschmäht hat und geflohen ist, die Frau des Flüchtlings zu ihrem Ehemann nicht zurück.

---

56 Es ist vielleicht doch mit Scheil, [pa-]gár(?)-ša „ihren Körper“ in § 133b zu lesen und in § 133a entsprechend zu ergänzen: sie hält sich keusch. Vgl. Koschaker in: ZA 35 (1924) S. 204.

57 Ähnlich prägnant auch die Präpositionen warki (wie arab. ba'da) und balum. Belege aus der Briefliteratur bei P. Kraus in MVAeG 361 (1932), Glossar s.v. pānum.

§ 137

Wenn ein Bürger sich von einer Šugitu-Priesterin, die ihm Kinder geboren hat, oder einer Naditu-Priesterin, die ihm Kinder verschafft hat, zu scheiden sich vornimmt, so führt man dieser Frau ihre Mitgift wieder zu, auch gibt man ihr ein Stück des Feldes, Baumgartens und der [beweglichen] Habe, (Vllr) und sie zieht ihre Kinder damit groß; nachdem sie ihre Kinder großgezogen hat, gibt man ihr von allem, was ihren Kindern gegeben worden ist, einen Anteil wie dem einzelnen Erbsohn; dann kann sie ein Ehemann nach ihrem Herzen nehmen.

§ 138

Wenn sich ein Bürger von seiner ersten Gemahlin, welche ihm keine Kinder geboren hat, scheiden will, so gibt er ihr Geld in Höhe ihres Brautpreises, auch entschädigt er sie für die Mitgift, die sie vom Hause ihres Vaters mitgebracht hatte; dann kann er sich von ihr scheiden;

§ 139

wenn ein Brautpreis nicht vorhanden ist, so gibt er ihr 1 Mine Silber als Scheidegeld;

§ 140

wenn er ein Untergebener ist, so gibt er ihr $^1/_3$ Mine Silber.

§ 141

Wenn die Ehefrau eines Bürgers, die im Hause des Bürgers wohnt, außer Hauses zu gehen sich vorgenommen und von ihrem Wirtschaftsgeld Privateigentum erworben, ihr Hausgerät verstreut und ihren Ehemann vernachlässigt hat, so weist man es ihr nach, und wenn ihr Ehemann die Scheidung von ihr erklärt, so scheidet er [sich damit] von ihr; Weg- und Scheidegeld wird er ihr nicht mitgegeben; wenn ihr Ehemann die Scheidung nicht erklärt, so kann ihr Ehemann [trotzdem] eine andere Frau nehmen, diese erste Frau bleibt in der Stellung einer Magd im Hause ihres Ehemannes wohnen.

§ 142[58]

Wenn eine Frau ihren Ehemann verschmäht und „nicht mehr wirst du mich anfassen" gesagt hat, so wird ihre Sache von ihrer Behörde untersucht, und wenn sie unbescholten ist und keine Schuld trägt, dagegen ihr Ehemann außer Hauses zu gehen pflegte und sie allzu sehr vernachlässigt hat, so trifft diese Frau (VIIIr) keine Strafe; sie nimmt ihre Mitgift an sich und zieht ins Haus ihres Vaters;

§ 143

wenn sie nicht unbescholten ist, sondern außer Hauses zu gehen pflegt, ihr Hausgerät verschleudert, ihren Ehemann vernachlässigt hat, so wirft man diese Frau ins Wasser.

§ 144

Wenn ein Bürger eine Naditu-Priesterin genommen hat und diese Naditu-Priesterin ihrem Ehemann eine Magd mitgegeben hat und sie Kinder zur Welt kommen lässt, dieser Bürger eine Šugitu-Priesterin zu nehmen sich vornimmt, so gestattet man es diesem Bürger nicht; eine Šugitu-Priesterin nimmt er nicht.

§ 145

Wenn ein Bürger eine Naditu-Priesterin genommen hat und sie ihm keine Söhne schenkt, er nun eine Šugitu-Priesterin deshalb zu nehmen sich vorgenommen hat, so kann dieser

58 Anders das sog. sumerische Familiengesetz in der VII. Tafel der Serie ana ittišu, V R 25 rs col. iv. 1ff.

Bürger die Šugitu-Priesterin nehmen, er läßt sie in sein Haus eintreten; diese Šugitu-Priesterin aber stellt man nicht mit der Naditu-Priesterin gleich.

§ 146

Wenn ein Bürger eine Naditu-Priesterin genommen hat und sie ihrem Ehemann eine Magd mitgibt und diese Söhne gebiert, daraufhin diese Magd mit ihrer Herrin sich gleich stellt, so kann ihre Herrin sie, weil sie Söhne geboren hat, nicht für Silber geben; sie kann sie mit einer Sklaven-Haartracht versehen und sie den Mägden zuzählen;

§ 147[59]

wenn sie keine Söhne geboren hat, so kann ihre Herrin sie für verkaufen.

§ 148

Wenn ein Bürger eine Frau zur Ehe genommen hat und sie ansteckendes Fieber ergreift, er eine andere zu nehmen sich vornimmt, so kann er sie nehmen; von seiner Ehefrau, die die ansteckendes Fieber ergriffen hat, kann er sich nicht scheiden; in einem Hause, das er gebaut hat, wohnt sie, und solange sie am Leben ist, unterhält er sie;

§ 149

(IXr) wenn diese Frau in dem Hause ihres Ehemannes zu wohnen nicht einwilligt, so zahlt er ihr ihre Mitgift zurück, die sie vom Hause ihres Vaters mitgebracht hat, und sie geht davon.

59 Fehlt in der Abschrift BE XXXI 22 und vielleicht auch in UM V 93 (Schorr in Rocznik Oryentalistyczny I, Deutsches Bulletin S. 8). Nach Koschaker, Hammurapi-Studien S. 219 verdeutlichende Interpolation (unter Abweisung eines gegenüber der Stele primären Charakters der beiden Tafeln).

§ 150

Wenn ein Bürger seiner Ehefrau Feld, Baumgarten, Haus oder bewegliche Habe geschenkt, eine Siegelurkunde ihr darüber ausgestellt hat, so haben nach [dem Tode] ihres Ehemannes ihre Kinder nicht die Vindikationsklage gegen sie; die Mutter gibt ihren Nachlass dem Sohne von ihr, den sie liebt; einem anderen braucht sie ihn nicht zu geben.

§ 151

Wenn eine Frau, die im Hause eines Bürgers wohnt, darauf, dass ein Gläubiger ihres Ehemannes nicht auf sie greife, ihren Ehemann [vertraglich] verpflichtet, ihn eine Tafel ausstellen läßt, so greifen, wenn auf diesem Bürger, bevor er diese Frau nimmt, eine Zinsschuld lastet, seine Gläubiger[60] nicht auf seine Ehefrau; wenn dagegen auf dieser Frau, bevor sie ins Haus des Bürgers eintritt, eine Zinsschuld lastet, so greifen ihre Gläubiger nicht auf ihren Ehemann;

§ 152

wenn [umgekehrt], nachdem diese Frau ins Haus des Bürgers eingetreten ist, eine Zinsschuld gegen sie[61] zur Entstehung gelangt, so befriedigen sie alle beide den Kaufmann[62].

60 Auffälliger Plural; man beachte, daß BE XXXI 22 im ersten Falle den Singular bietet.

61 Plural masculin; UM V 93 folgerichtiger: gegen ihren Ehemann. Nach Schorr (in: Rocznik Oryentalistyczny I, Bulletin S. 13), dem sich Koschaker (Hammurapi-Studien S. 217) anschließt, ist der zweite Absatz von § 151 jüngerer Zusatz, nach Koschaker ist auch § 152 interpoliert.

62 Den im regelmäßigen Falle geldgebenden Gläubiger.

§ 153

Wenn die Ehefrau eines Bürgers um eines anderen Mannes willen ihren Ehemann umbringen lässt, so wird man sie pfählen[63].

§ 154

Wenn ein Bürger seine Tochter erkennt, so führt man diesen Bürger aus der Stadt hinaus.

§ 155

Wenn ein Bürger für seinen Sohn eine Schwiegertochter ausersehen und sein Sohn sie erkannt hat, er selbst nachher aber in ihrem Schoße schläft und man ihn dabei greift, so bindet man diesen Bürger und (Xr) wirft ihn[64] ins Wasser.

§ 156

Wenn ein Bürger für seinen Sohn eine Schwiegertochter ausersehen hat und sein Sohn sie noch nicht erkannt hat, er selbst aber in ihrem Schoße schläft, so zahlt er ihr $^1/_2$ Mine Silber, und außerdem zahlt er ihr alles, was sie vom Hause ihres Vaters mitgebracht hat, zurück; dann kann ein Ehemann nach ihrem Herzen sie nehmen.

---

63 Abbildungen bei Layard, The Monuments of Niniveh I (1853) pl. 63; Gressmann, Altorientalische Bilder zum Alten Testament[2] (1927) Abb. 132 und 141. Der Vollzug dieser Todesstrafe ist also mit dem „Pfählen" älterer deutscher Rechte nicht zu vergleichen. Über dies s. H. Brunner in Zeitschrift derr Savigny-Stiftung, German. Abteilung 26 (1905) S. 258ff. Das gilt, selbst wenn es sich in den angeführten neuassyrischen Abbildungen um die Pfählung Toter handeln sollte. Vgl. die HWB S. 70b und S. 207b genannten Inschriften sowie Eissner, Babylonien und Assyrien I S. 112 (Taf.-Abb. 66).

64 Original versehentlich: sie (Singular feminin).

§ 157

Wenn ein Bürger nach [dem Tode] seines Vaters im Schoße seiner Mutter schläft, so verbrennt man sie alle beide.

§ 158

Wenn ein Bürger nach [dem Tode] seines Vaters im Schoße seiner Ziehmutter (!)[65], welche Kinder geboren hat, ergriffen wird, so wird dieser Bürger vom Vaterhause verstoßen[66].

§ 159

Wenn ein Bürger, der ins Haus seines Schwiegervaters die Verlöbnisgabe schon hat bringen lassen, den Brautpreis hingegeben hat, nun aber nach einer anderen Frau hinblickt[67] und „deine Tochter nehme ich nicht“ zu seinem Schwiegervater sagt, so erhält der Vater der Tochter alles, was ihm geschickt worden ist.

§ 160

Wenn ein Bürger ins Haus des Schwiegervaters die Verlöbnisgabe schon hat bringen lassen, den Brautpreis hingegeben hat, aber der Vater der Tochter „meine Tochter gebe ich dir nicht“ sagt, so gibt er all das, was ihm gebracht worden ist, doppelt zurück.

§ 161[68]

Wenn ein Bürger ins Haus seines Schwiegervaters die Verlöbnisgabe hat bringen lassen, den Brautpreis hingegeben hat und

65 Lies mit LANDSBERGER in ZDMG 69 (1915) S. 524²: (mu)-ra-bi-ti-šu (vgl. § 192f.).

66 Vgl. S. 67².

67 Wörtlich: hinschielt.

68 Nach KOSCHAKER, Hammurapi-Studien S. 132¹ möglicherweise jüngerer Zusatz.

sein Freund ihn verleumdet, sein Schwiegervater zum Herrn der künftigen Ehefrau sagt, „meine Tochter nimmst du nicht“, so gibt er all das, was ihm gebracht worden ist, doppelt zurück; aber auch der Freund kann seine Ehefrau nicht nehmen.

§ 162

Wenn ein Bürger eine Ehefrau genommen, sie ihm Kinder geboren hat, und dann diese Frau zum Schicksal (Xlr) eingeht, so hat auf ihre Mitgift ihr Vater keinen einklagbaren Anspruch; die Mitgift gehört ihren Kindern.

§ 163

Wenn ein Bürger eine Frau zur Ehe genommen, sie ihm aber keine Kinder verschafft hat, diese Frau dann zum Schicksal eingeht, so hat, wenn den Brautpreis, den dieser Bürger ins Haus seines Schwiegervaters hingebracht hat, ihm sein Schwiegervater zurückgibt, der Ehemann auf die Mitgift dieser Frau keinen einklagbaren Anspruch; ihre Mitgift gehört dem Hause ihres Vaters;

§ 164[69]

wenn sein Schwiegervater aber ihm den Brautpreis nicht zurückgibt, so zieht er von ihrer Mitgift, so viel der Brautpreis beträgt, ab und gibt ihre Mitgift ins Haus ihres Vaters zurück.

§ 165

Wenn ein Bürger seinem Erbsohn, der sein Auge eingenommen hat[70], Feld, Baumgarten oder Haus geschenkt und ihm eine Siegelurkunde darüber geschrieben hat, so nimmt er, geht nachher der Vater zum Schicksal ein, nun da die Brüder teilen,

---

69 Koschaker, Hammurapi-Studien S. 187[6] hält hier jüngeren Zusatz für möglich.

70 D.h. dem er gewogen ist; vgl. VS XVI 65, 13 (Brief).

die Gabe, die der Vater ihm gegeben hat, an sich, und darüber hinaus teilen sie miteinander[71] den Besitz des Vatershauses.

§ 166

Wenn ein Bürger für die Söhne, die er bekommen hat, Ehefrauen[72], für seinen noch kindlichen Sohn aber keine Ehefrau genommen hat, so legen, geht nachher der Vater zum Schicksal ein, nun da die Brüder teilen, sie vom Besitz des Vaterhauses für ihren damals noch kindlichen Bruder, der eine Frau zur Ehe nicht genommen hatte, über seinen Anteil hinaus das Geld für den Brautpreis hinzu und lassen ihn eine Frau zur Ehe nehmen.

§ 167[73]

Wenn ein Bürger eine Frau zur Ehe genommen und sie ihm Söhne geboren hat, diese Frau zum Schicksal eingeht, er nach ihr[em Tode] eine andere Frau nimmt und sie Söhne gebiert, so teilen die Söhne, geht nachher der Vater zum Schicksal ein, (Xllr) nicht nach Müttern; sie nehmen zwar die Mitgift ihrer Mütter an sich, teilen aber den Besitz des Vaterhauses miteinander.

§ 168

Wenn ein Bürger seinen Sohn zu verstoßen[74] sich vornimmt und „meinen Sohn will ich verstoßen“ zu den Richtern sagt, so untersuchen die Richter seine Sache, und wenn der Sohn eine

---

71 Hier und im Folgenden wie im Vorangegangenen (§§ 60; 98) immer i. S. v. „zu gleichen Teilen“; vgl. Leipziger rechtswissenschaftliche Studien, Heft 65 S. 24^2.

72 D.h. künftige Ehefrauen dieser Kinder.

73 Ganz ähnlich das sumerische Bruchstück UM I_2 102 col. i 1ff., bei Ungnad in Zeitschrift der Savigny-Stiftung, Roman. Abteilung. 14 (1920) S. 186ff. § 13.

74 D.h. zugleich: enterben, wörtlich: herausreißen (aus d. Sippe). Vgl. § 158.

schwere, zur Verstoßung aus der Erbsohnstellung [geeignete] Straftat nicht begangen hat, so kann der Vater seinen Sohn nicht aus der Erbsohnstellung verstoßen;

§ 169

wenn er aber eine schwere zur Verstoßung aus der Erbsohnstellung [geeignete] Straftat gegenüber seinem Vater begeht, so sieht man es ihm beim ersten Male nach; wenn er aber eine schwere Straftat zum zweiten Male begeht, so kann der Vater seinen Sohn aus der Erbsohnstellung verstoßen.

§ 170

Wenn einem Bürger seine erste Gemahlin Kinder geboren hat, außerdem aber auch seine Magd ihm Kinder geboren hat, der Vater zu seinen Lebzeiten zu den Kindern, welche die Magd ihm geboren hat, „meine Kinder seid ihr" sagt, er sie den Kindern der ersten Gemahlin zurechnet, so teilen, geht späterhin der Vater zum Schicksal ein, die Kinder der ersten Frau und die Kinder der Magd sich den Besitz des Vaterhauses miteinander; ein Erbsohn, d.h. Sohn der ersten Gemahlin, wählt und nimmt den Anteil vorweg;

§ 171[75]

wenn jedoch der Vater zu seinen Lebzeiten zu den Kindern, welche die Magd ihm geboren hat, „meine Kinder [seid ihr]" nicht sagt, so teilen, geht nachher der Vater zum Schicksal ein, sich die Kinder der Magd nicht mit den Kindern der ersten Frau den Besitz des Vaterhauses; dafür wird Freilassung der Magd und ihrer Kinder bewirkt; die Kinder der ersten Gemahlin haben den Kindern der Magd gegenüber auf deren Sklaveneigenschaft keinen klagbaren Anspruch; die erste Ge-

75 Ähnlich die sumerische Bestimmung UM I_2 102 col. i 14ff., bei UNGNAD in Zeitschrift der Savigny-Stiftung, Roman. Abteilung. 41 (1920) S. 186ff. § 14.

mahlin nimmt ihre Mitgift und die Ehegabe, die ihr Ehemann ihr gegeben, ihr auf einer Tafel verschrieben hat, an sich und bleibt in der Wohnung ihres Ehemannes wohnen; (XIIIr) solange sie lebt, hat sie die Nutznießung daran, für Silber verkaufen kann sie nichts; ihr Nachlass gehört ihren Kindern;

§ 172

wenn ihr Ehemann ihr keine Ehegabe gegeben hat, so zahlen sie ihr ihre Mitgift zurück, und sie nimmt vom Besitze des Hauses ihres Ehemannes einen Anteil wie der einzelne Erbsohn; wenn ihre Kinder, um sie aus dem Hause zu entfernen, sie schelten[76], so untersuchen die Richter ihre Sache und legen den Kindern eine Strafe auf; diese Frau braucht aus dem Hause ihres Ehemannes nicht fortzugehen; wenn diese Frau aber fortzugehen sich vornimmt, so läßt sie die Ehegabe, die ihr Ehemann ihr gegeben hatte, ihren Söhnen zurück, die Mitgift vom Hause ihres Vaters nimmt sie indes an sich; dann kann ein Ehemann nach ihrem Herzen sie nehmen;

§ 173

wenn diese Frau dort, wo sie [ins Haus] eingetreten ist, ihrem späteren Ehemann noch Kinder gebiert, nachher aber diese Frau stirbt, so teilen ihre Mitgift die früheren und späteren Kinder;

§ 174

wenn sie aber ihrem späteren Ehemann keine Kinder mehr gebiert, so nehmen ihre Mitgift die Kinder ihres ersten Ehemannes.

---

76 Wohl mit Walther, Das altbabylonische Gerichtswesen S. 217[1] zu hebräisch-aramäisch זעם.

§ 175

Wenn sei es ein Palastknecht oder der Knecht eines Untergebenen die Tochter eines Bürgers genommen und sie Kinder geboren hat, so hat der Herr des Knechts gegenüber den Kindern der Bürgertochter auf deren Sklaveneigenschaft keinen einklagbaren Anspruch.

§ 176

Wenn ferner[77] ein Palastknecht oder der Knecht eines Untergebenen die Tochter eines Bürgers genommen hat und sie nun, da er sie genommen hat, mitsamt der Mitgift vom Hause ihres Vaters aus in das Haus des Palastknechts oder des Knechts des Untergebenen eintritt, und sie, nachdem sie zusammengegangen sind, ein Hausstand gegründet[78], Habe (Fahrnis) bekommen haben, daraufhin aber der Palastknecht oder der Knecht des Untergebenen zum Schicksal eingeht, so nimmt die Tochter des Bürgers ihre Mitgift an sich; alles dagegen, was ihr Ehemann und sie, (XlVr) seitdem sie zusammengegangen sind, erworben haben, teilen sie in zwei Teile, und es nimmt die eine Hälfte der Herr des Knechts, die andere Hälfte nimmt die Tochter des Bürgers für ihre Kinder;

§ 176A

wenn die Tochter des Bürgers keine Mitgift hat, so teilen sie alles, was ihr Ehemann und sie, seitdem sie zusammengegangen sind, erworben haben, in zwei Teile, und es nimmt die eine Hälfte der Herr des Knechts, die andere Hälfte nimmt die Tochter des Bürgers für ihre Kinder.

---

77 Eine Variante schiebt, das Original erweiternd, ein: „sei es“.
78 Wohl schon in übertragenem Sinne: „einen Hausstand gegründet“.

§ 177

Wenn eine Witwe, deren Kinder noch klein sind, ins Haus eines anderen einzutreten sich vornimmt, so kann sie ohne die Erlaubnis der Richter nicht eintreten; nun da sie ins Haus eines anderen eintreten will, untersuchen die Richter die Sache des Hauses[79] ihres früheren Ehemannes; dann überweisen sie das Haus ihres früheren Ehemannes ihrem späteren Ehemann und dieser Frau und lassen sie beide eine Tafel ausstellen [des Inhalts]: sie werden das Haus in Ordnung halten, dazu die kleinen [Kinder] großziehen, die Geräte nicht für Silber verkaufen; der Käufer, der Gerät von Kindern einer Witwe kauft, geht seines Silbers verlustig; der Besitz kehrt zu seinen Eigentümern zurück.

§ 178

Wenn eine Entu-Priesterin, eine Naditu-Priesterin oder eine Zikru-Priesterin, deren Vater ihr Mitgift mitgegeben, eine Tafel darüber geschrieben hat, aber auf der Tafel, die er ihr geschrieben hat, [die Befugnis,] den Nachlass, wohin es ihr gefällt, zu vergeben nicht mit verschrieben und ihr keine Verfügungsfreiheit gewährt hat, so nehmen, geht nachher der Vater zum Schicksal ein, ihr Feld und ihren Baumgarten ihre Brüder und geben ihr entsprechend der Höhe ihres[80] Anteils Kost, Salböl und Kleidung und stellen sie zufrieden; wenn aber ihre Brüder entsprechend der Höhe ihres Anteils ihr Kost, Salböl und Kleidung nicht geben und (XVr) sie nicht zufriedenstellen, so kann sie ihr Feld und ihren Baumgarten einem Pächter, der ihr gefällt, übergeben; dann unterhält ihr Pächter sie; an Feld, Baumgarten und allem, was ihr Vater ihr gegeben hatte, hat sie, solange sie am Leben ist, die Nutz-

79 Wohl allgemein: „Vermögen".
80 Singular feminin.

nießung; für Silber verkaufen kann sie es nicht, einen anderen wird sie nicht zum Erben einsetzen[81]; ihre Erbschaft selbst aber gehört ihren Brüdern.

§ 179

Wenn eine Entu-Priesterin, eine Naditu-Priesterin oder eine Zikru-Priesterin, deren Vater ihr Mitgift mitgegeben und eine Siegelurkunde darüber ausgeschrieben hat, auf der Tafel, die er ihr geschrieben hat, [die Befugnis,] ihren Nachlaß, wohin es ihr gefällt zu vergeben, ihr verschrieben hat und ihr Verfügungsfreiheit gewährt, so gibt sie, geht nachher der Vater zum Schicksal ein, ihren Nachlaß, wohin es ihr gefällt; ihre Brüder haben ihr gegenüber kein Vindikationsrecht darauf.

§ 180

Wenn ein Vater seiner Tochter, einer Naditu-Priesterin des Klosters oder einer Zikru-Priesterin, keine Mitgift mitgibt, so teilt sie sich, geht nachher der Vater zum Schicksal ein, gleichwie der einzelne Erbsohn den Besitz des Vaterhauses und hat, solange sie am Leben ist, die Nutznießung; ihr Nachlaß selbst gehört aber ihren Brüdern.

§ 181

Wenn ein Vater eine Naditu-Priesterin, eine Qadischtu-Priesterin oder eine Kulmaschitu-Priesterin dem Gotte zuführt, ihr aber keine Mitgift mitgibt, so teilt sie sich, geht nachher der Vater zum Schicksal ein, zu einem Dritteil ihrer Erbschaft in den Besitz des Vaterhauses und hat, solange sie am Leben ist,

---

81 Landsberger im Archiv für Orientforschung 3 (1926) S. 169: „Einen anderen setzt sie zum Erben (darüber) nicht ein." So auch Delitzsch. Indessen ist eine solche Denomination ungewöhnlich. Bei der im Text gebotenen Übersetzung bietet *šaniamma* eine gewisse Schwierigkeit.

daran die Nutznießung; ihr Nachlaß selbst aber gehört ihren Brüdern.

§ 182

Wenn ein Vater seiner Tochter, einer Naditu-Priesterin des [Gottes] Marduk von Babylon (!), keine Mitgift mitgegeben, ihr keine Siegelurkunde geschrieben hat, so teilt sie sich, geht nachher der Vater zum Schicksal ein, mit ihren Brüdern zu einem Drittteil ihrer Erbschaft in den Besitz des Vaterhauses, braucht aber keiner Lehnspflicht nachzugehen; eine Naditu-Priesterin des Marduk vergibt ihren Nachlaß, wohin es ihr gefällt.

§ 183

(XVIr) Wenn ein Vater seiner Tochter, einer Šugitu-Priesterin, Mitgift gegeben und sie einem Ehemann gegeben hat und ihr darüber eine Siegelurkunde geschrieben hat[82], so teilt sie, geht nachher der Vater zum Schicksal ein, sich nicht mit in den Besitz des Vaterhauses.

§ 184

Wenn ein Bürger seiner Tochter, einer Šugitu-Priesterin, keine Mitgift gegeben, sie nicht einem Ehemann gegeben hat, so geben ihr, geht nachher der Vater zum Schicksal ein, ihre Brüder entsprechend dem Vermögen des Vaterhauses eine Mitgift mit und geben sie einem Ehemann.

§ 185

Wenn ein Bürger ein kleines Kind unter seinem Namen (?)[83] als Sohn angenommen hat und es großzieht, so kann dieses Ziehkind nicht vindiziert werden.

---

82 D.h. ihr volle Verfügungsfreiheit über das verschriebene Gut eingeräumt hat. Vgl. § 179.

83 Vgl. David, Adoption S. 24f.

§ 186

Wenn ein Bürger ein kleines Kind als Sohn angenommen hat, da er es aber angenommen hat, dessen Vater und seine Mutter erforscht[84], so kehrt dieses Ziehkind ins Haus seines Vaters zurück;

§ 187

der Sohn eines Höflings, eines Palastangehörigen und einer Zikru-Priesterin kann nicht vindiziert werden.

§ 188

Wenn ein Gildenhandwerker einen Sohn als Ziehkind angenommen hat und ihm sein Handwerk beibringt, so kann dieser nicht vindiziert werden;

§ 189

wenn er ihm nicht sein Handwerk beibringt, so kann dieses Ziehkind ins Haus seines Vaters zurückkehren.

§ 190

Wenn ein Bürger ein kleines Kind, das er als seinen Sohn angenommen und großgezogen hat, seinen Kindern [tatsächlich aber] nicht zurechnet, so kehrt dieses Ziehkind ins Haus seines Vaters zurück.

§ 191

Wenn ein Bürger im Falle eines[85] kleinen Kindes, das er als seinen Sohn angenommen und großgezogen hat, einen Hausstand gründet[86], er nachher [aber noch] Kinder bekommt, das

---

84 Vgl. David, Adoption S. 25ff.
85 Bearbeitung des Paragraphen bei David, Adoption S. 36ff.
86 S. Anm. 79.

Ziehkind zu verstoßen[87] sich vornimmt, so geht dieser Sohn nicht leer aus; sein Vater, der ihn großzog, gibt ihm von seinem Besitz ein Drittel seiner Erbschaft, dann geht er davon; von Feld, Baumgarten und Haus braucht er ihm nichts zu geben.

§ 192[88]

Wenn der Sohn eines Höflings (XVIIr) oder der Sohn einer Zikru-Priesterin zum Vater, der ihn großzog, oder zur Mutter, die in großzog „du bist nicht mein Vater" / „du bist nicht meine Mutter" sagt, so schneidet man seine Zunge ab.

§ 193

Wenn der Sohn eines Höflings oder der Sohn einer Zikru-Priesterin das Haus seines Vaters kenntlich macht, und den Vater, der ihn großzog, und die Mutter, die ihn großzog, verachtet[89] und in das Haus seines Vaters fortzieht, so reißt man sein Auge aus.

§ 194

Wenn ein Bürger seinen Sohn an eine Amme übergeben hat, und dieser Sohn in der Hand der Amme stirbt, die Amme ohne Erlaubnis seines Vaters und seiner Mutter einen anderen Sohn säugt, so weist man es ihr nach, und weil sie ohne Erlaubnis seines Vaters und [seiner] Mutter einen anderen Sohn säugte, so schneidet man ihre Brust ab.

§ 195

Wenn ein Sohn seinen Vater geschlagen hat, so schneidet man seine Hand ab.

---

87 Zu enterben. S. Anm. 75.

88 Vgl. das sog. sumerische Familiengesetz in der VII. Tafel der Serie ana ittišu (s. o. Anm. 18 der Einleitung), VR 25 rs col. iii 23ff.

89 D.h. verächtlich angesehen hat. Daher wohl eine Symbolstrafe.

§ 196

Wenn ein Bürger das Auge eines Bürgersohnes zerstört hat, so zerstört man sein Auge;

§ 197

wenn er den Knochen eines Bürgers gebrochen hat, so bricht man seinen Knochen;

§ 198

wenn er das Auge eines Untergebenen zerstört hat oder den Knochen eines Untergebenen bricht, so zahlt er 1 Mine Silber;

§ 199

wenn er das Auge des Knechts eines Bürgers zerstört oder den Knochen des Knechts eines Bürgers gebrochen hat, so zahlt er die Hälfte von dessen Kaufpreis.

§ 200

Wenn ein Bürger den Zahn eines ihm ebenbürtigen Bürgers ausgeschlagen hat, so schlägt man seinen Zahn aus;

§ 201

wenn er den Zahn eines Untergebenen ausgeschlagen hat, so zahlt er $^{1}/_{3}$ Mine Silber.

§ 202

Wenn ein Bürger die Wange eines Bürgers, der höher gestellt ist als er, geschlagen hat, so wird er in der Versammlung mit der Peitsche 60 mal geschlagen;

§ 203

wenn ein Bürgersohn die Wange eines Bürgersohnes, der ihm gleichgestellt ist, geschlagen hat, so zahlt er 1 Mine Silber;

§ 204

wenn ein Untergebener die Wange eines Untergebenen geschlagen hat, so zahlt er 10 Sekel Silber;

§ 205

wenn der Knecht eines Bürgers die Wange eines Bürgersohnes (XVIIIr) geschlagen hat, so schneidet man sein Ohr ab.

§ 206

Wenn ein Bürger einen Bürger in einer Balgerei geschlagen und ihm eine Wunde beigebracht hat, so schwört dieser Bürger „mit Wissen habe ich ihn nicht geschlagen", doch bezahlt er den Arzt;

§207

wenn er infolge seines Zuschlagens stirbt, so schwört er und zahlt, wenn es ein Bürgersohn ist, $^1/_2$ Mine Silber.

§ 208

wenn es der Sohn eines Untergebenen ist, so zahlt er $^1/_3$ Mine Silber.

§ 209

Wenn ein Bürger eine Bürgertochter geschlagen und sie dadurch ihre Leibesfrucht verloren hat, so zahlt er 10 Sekel Silber für ihre Leibesfrucht;

§ 210

wenn diese Frau stirbt, so tötet man seine Tochter;

§ 211

wenn er bei der Tochter eines Untergebenen durch Schlagen den Verlust ihrer Leibesfrucht veranlaßt hat, so zahlt er 5 Sekel Silber;

§ 212

wenn diese Frau stirbt, so zahlt er $^{1}/_{2}$ Mine Silber;

§ 213

wenn er die Magd eines Bürgers geschlagen und sie dadurch ihre Leibesfrucht verloren hat, so zahlt er 2 Sekel Silber;

§ 214

wenn diese Magd stirbt, so zahlt er $^{1}/_{3}$ Mine Silber.

§ 215

Wenn ein Arzt einem Bürger mit dem Skalpell eine schwere Wunde zugefügt und dadurch den Bürger hat gesund werden lassen, oder mit dem Skalpell die Schläfe eines Bürgers geöffnet und dabei das Auge des Bürgers hat gesund werden lassen, so nimmt er dafür 10 Sekel Silber;

§ 216

wenn es der Sohn eines Untergebenen ist, so nimmt er 5 Sekel Silber dafür;

§ 217

wenn es der Knecht eines Bürgers ist, so gibt der Herr des Knechtes dem Arzte 2 Sekel Silber dafür.

§ 218

Wenn ein Arzt einem Bürger mit dem Skalpell eine schwere Wunde zugefügt und den Bürger daran hat sterben lassen, oder mit dem Skalpell die Schläfe eines Bürgers geöffnet und das Auge des Bürgers dabei zerstört hat, so schneidet man seine Hand ab.

§219

Wenn ein Arzt dem Knechte eines Untergebenen mit dem Skalpell eine schwere Wunde zugefügt und ihn daran hat sterben lassen, so ersetzt er Knecht um Knecht;

§ 220

wenn er seine Schläfe mit dem Skalpell geöffnet und dabei sein Auge zerstört hat, so zahlt er in Silber die Hälfte von dessen Kaufpreis.

§ 221

Wenn ein Arzt den gebrochenen Knochen eines Bürgers (XlXr) geheilt oder eine kranke Sehne hat gesund werden lassen, so gibt der Verletzte dem Arzte 5 Sekel Silber;

§222

wenn es der Sohn eines Untergebenen ist, so gibt er 3 Sekel Silber;

§ 223

wenn es der Knecht eines Bürgers ist, so gibt der Herr des Knechts dem Arzte 2 Sekel Silber.

§ 224

Wenn ein Rinder- oder Eselarzt sei es einem Rinde oder einem Esel eine schwere Wunde zugefügt und [es / ihn] dadurch hat gesund werden lassen, so gibt der Eigentümer des Rindes oder Esels $^1/_6$ [des Kaufpreises] in Silber dem Arzte als seinen Lohn;

§ 225

wenn er einem Rinde oder einem Esel eine schwere Wunde zugefügt und [es / ihn] daran hat sterben lassen, so gibt er dem Eigentümer des Rindes oder Esels $^{1}/_{4}$ des Kaufpreises.

§ 226

Wenn ein Barbier ohne Erlaubnis des Herrn des Knechts das [Sklaven-]Mal eines ihm nicht gehörigen Sklaven[90] geschoren hat, so schneidet man die Hand dieses Barbiers ab.

§ 227

Wenn ein Bürger einen Barbier bedrängt und dieser das [Sklaven-]Mal eines ihm nicht gehörigen Sklaven geschoren hat, so tötet man diesen Bürger und hängen ihn an seiner Tür auf; der Barbier schwört „mit Wissen habe ich nicht geschoren" und geht frei aus.

§ 228

Wenn ein Baumeister einem Bürger ein Haus gebaut und es ihm vollendet hat, so gibt er ihm auf 36 Ellen des Hausgrundstücks 2 Sekel Silber als Lohn.

§ 229

Wenn ein Baumeister einem Bürger ein Haus gebaut, aber seine Arbeit nicht fest genug ausgeführt hat und das Haus, das er gebaut hat, eingestürzt ist und er dadurch den Hauseigentümer ums Leben gebracht hat, so wird dieser Baumeister getötet;

---

90 Eines fremden. Vgl. LANDSBERGER in ZA 35 (1923) S. 24 und zuletzt v. SODEN (mit Literatur) in ZA 40 (1931) S. 183 und 193.

§ 230

wenn er den Sohn des Hauseigentümers dadurch ums Leben gebracht hat, so tötet man den Sohn dieses Baumeisters;

§ 231

wenn er einen Sklaven des Hauseigentümers dadurch ums Leben gebracht hat, so gibt er dem Hauseigentümer einen Sklaven entsprechend dem [getöteten] Sklaven;

§ 232

wenn er Gut vernichtet hat, so ersetzt er alles, was er vernichtet hat; auch baut er, weil er das Haus, das er gebaut, nicht fest genug gefügt hat und es eingefallen ist, mit eigenen Mitteln das Haus, das eingefallen ist wieder auf.

§ 233

Wenn ein Baumeister einem Bürger ein Haus gebaut, aber sein Werk nicht nach den Regeln seiner Kunst ausgeführt und daher eine Wand schief gestellt hat, so fügt dieser Baumeister (XXr) diese Wand mit eigenen Mitteln wieder fest.

§ 234

Wenn ein Schiffer ein Schiff von 18 000 l [Fassungsvermögen] für einen Bürger abgedichtet hat, so gibt er ihm 2 Sekel Silber als Honorar.

§ 235

Wenn ein Schiffer ein Schiff für einen Bürger abgedichtet, aber hierbei sein Werk nicht zuverlässig ausgeführt hat und noch innerhalb dieses Jahres dieses Schiff sich geneigt und einen Schaden bekommen hat, so nimmt er dieses Schiff auseinander und fügt es aus eigenen Mitteln fest und gibt das festgefügte Schiff dem Schiffsherrn.

§ 236

Wenn ein Bürger sein Schiff einem Schiffer für eine Miete gegeben hat und der Schiffer nachlässig war und das Schiff versenkt oder vernichtet hat, so ersetzt der Schiffer das Schiff dem Schiffsherrn.

§ 237

Wenn ein Bürger einen Schiffer und ein Schiff gemietet hat und es mit Getreide, Wolle, Öl, Datteln und allen sonstigen Waren beladen hat, dieser Schiffer nachlässig war und das Schiff versenkt, auch seinen Inhalt mit vernichtet hat, so ersetzt der Schiffer das Schiff, das er versenkt hat, und alles, was er von seinem Inhalt vernichtet hat.

§ 238

Wenn ein Schiffer das Schiff eines Bürgers versenkt, es dann aber gehoben und repariert hat, so gibt er an Silber die Hälfte seines Kaufpreises.

§ 239

Wenn ein Bürger einen Schiffer mietet, so gibt er ihm pro Jahr 1800 l Getreide.

§ 240

Wenn ein Ruderschiff ein Segelschiff rammt und es versenkt, so gibt der Schiffsherr, dessen Schiff versenkt ist, alles was in seinem Schiffe abhandengekommen ist, vor dem Gotte genau an, und der des Ruderschiffes, der das Segelschiff versenkt hat, ersetzt ihm sein Schiff und alles Abhandengekommene.

§ 241

Wenn ein Bürger ein Rind als Pfand pfändet, so zahlt er $^1/_3$ Mine Silber[91].

§ 242

Wenn ein Bürger ein Rind auf 1 Jahr mietet, so gibt er als Miete eines Warka[92]-Rindes 1200 l Getreide;

§ 243

als Miete eines Qabla-Rindes 900 l Getreide an dessen Eigentümer.

§ 244[93]

(XXIr) Wenn ein Bürger ein Rind, einen Esel gemietet und im freien Feld ein Löwe sie[94] getötet hat, so geht dies allein deren[95] Eigentümer an.

§ 245[96]

Wenn ein Bürger ein Rind gemietet und durch Nachlässigkeit oder Schlagen es getötet hat, so ersetzt er dem Eigentümer des Rindes Rind um Rind.

91 Wohl bei unberechtigter Pfändung, entsprechend § 114.
92 Diese Rinderart kann wie die im folgenden Paragraphen nicht näher identifiziert werden.
93 Vgl. das sumerische Fragment YOS I 28 col. v 63 ff.
94 Eigentlich: es/ihn.
95 Eigentlich: dessen.
96 Zu den folgenden Paragraphen vgl. noch die in KAV 8 (als 23. Auszugstafel der Serie ana ittišu bezeichnet) niedergelegten Bestimmungen. Dazu KOSCHAKER in Zeitschrift der Savigny-Stiftung, Roman. Abteilung 41 (1920) S. 286f.

§ 246

Wenn ein Bürger ein Rind gemietet und er dessen Fuß gebrochen oder seine Nackensehne durchschnitten hat, so ersetzt er dem Eigentümer des Rindes Rind um Rind.

§ 247

Wenn ein Bürger ein Rind gemietet und sein Auge zerstört hat, so gibt er dem Eigentümer des Rindes an Silber die Hälfte seines Kaufpreises.

§ 248

Wenn ein Bürger ein Rind gemietet und sein Horn zerbrochen, seinen Schwanz abschgeschnitten oder das Fleisch an seinem Zaume abgerissen hat (?)[97], so gibt er an Silber $^{1}/_{4}$ (?) seines Kaufpreises.

§ 249

Wenn ein Bürger ein Rind gemietet, aber der Gott es geschlagen hat und es daran gestorben ist, so schwört der Bürger, der das Rind gemietet hat, bei dem Gotte und geht frei aus.

§ 250

Wenn ein Rind bei seinem Hinziehen auf der Straße einen Bürger gestoßen und dadurch ums Leben gebracht hat, so gibt es in diesem [vor Gericht gebrachte] Rechtsfall keinen einklagbaren Anspruch;

§ 251

wenn das Rind des Bürgers stößig ist, als stößig es seine Behörde ihm bekannt gegeben, er seine Hörner aber nicht gestutzt, sein Rind nicht festgebunden hat, und dann dieses Rind

97 Vielleicht ittasaḫ (Vermutung Landsbergers).

einen Bürgersohn gestoßen und dadurch ums Leben gebracht hat, so gibt er 1/2 Mine Silber;

§ 252

wenn es der Knecht eines Bürgers ist, so gibt er 1/3 (?) Mine Silber.

§ 253

Wenn ein Bürger einen Bürger zur Beaufsichtigung seines Feldes mietet und ihm Saatgut (?)[98] anvertraut, ihm Rindvieh überweist, zur Feldbebauung ihn verpflichtet, wenn dieser Bürger Samen oder Futter stiehlt und dies in seiner Hand ergriffen wird, so schneidet man seine Hand ab;

§ 254

wenn er Saatgut (?) weggenommen und das Rindvieh [durch Hunger] geschwächt hat, so ersetzt er doppelt das Getreides, das er empfangen (!) hat (?)[99].

§ 255

wenn er das Rindvieh eines Bürgers gegen Miete weggegeben oder den Samen gestohlen und auf dem Felde nichts hat wachsen lassen, so weist man es diesem Bürger nach, und er gibt in der Erntejahreszeit auf 64 800 qm 18 000 l Getreide dar;

§ 256

wenn er seiner Ersatzleistung nicht nachzukommen vermag, so schleift man ihn auf diesem Felde mit dem Rindvieh.

98 Weitere Stellen bei P. Kraus in MVAeG 361 (1932) S. 49.
99 Lies wohl: ša im-ḫu! (statt ri des Originals) -ru.

§ 257

Wenn ein Bürger (XXIIr) einen Landwirt gemietet hat, so gibt er ihm 2400 l Getreide pro Jahr.

§ 258

Wenn ein Bürger einen Rinderknecht[100] gemietet hat, so gibt er ihm 1800 l Getreide pro Jahr.

§ 259

Wenn ein Bürger einen Saatpflug von einem Feld gestohlen hat, so gibt er dem Eigentümer des Pfluges 5 Sekel Silber;

§ 260

wenn er einen Umbruchpflug oder eine Egge gestohlen hat, so gibt er 3 Sekel Silber.

§ 261

Wenn ein Bürger einen Hirten zum Weiden von Rindern oder Kleinvieh gemietet hat, so gibt er ihm pro Jahr 2400 l Getreide.

§ 262

Wenn ein Bürger ein Rind oder ein Schaf (?) zu […;] (Es folgt eine Lücke von 6 Zeilen);

§263

wenn ein Bürge ein Rind oder ein Schaf, das ihm übergeben wurde, zugrunde gerichtet hat, so ersetzt er deren Eigentümern ein Rind entsprechend dem Rind, ein Schaf entsprechend dem Schaf.

100 Belege aus der Briefliteratur bei P. Kraus a. a. O. S. 119.

§ 264

Wenn ein Hirte, dem Rinder oder Kleinvieh zum Weiden übergeben worden sind, [nachdem] er seinen [vo]llen Lohn bereits angenommen hat, er demnach befriedigt ist, die Rinder [ver]ringert, das Kleinvieh verringert, den Nachwuchs vermindert, so gibt er doch dem Wortlaute seiner vertraglichen Abmachungen gemäß Nachwuchs und Ertrag.

§ 265

Wenn ein Hirte, dem Rinder oder Kleinvieh zum Weiden übergeben worden sind, Untreue begangen hat und die Eigentumsmarke [des Viehs] beseitigt, es sogar für Silber verkauft, so weist man es ihm nach, und er ersetzt deren Eigentümern das Zehnfache dessen, was er gestohlen hat an Rind- und Kleinvieh.

§ 266[101]

Wenn auf einem Viehhof eine Epidemie entsteht oder ein Löwe tötet, so wird der Hirte vor Gott einen Reinigungseid leisten, und das Fallen des [Viehes im] Viehhof nimmt ihm der Eigentümer des Viehhofes ab.

§ 267

Wenn der Hirte säumig war und im Viehhofe eine Drehkrankheit [102] hat entstehen lassen, wird der Hirte den Schaden der Drehkrankheit, den er im Viehhofe hat entstehen lassen, an

101 Vgl. das sumerische Fragment YOS 128 col. v 63ff., bei Koschaker in Zeitschrift der Savigny-Stiftung, Roman. Abteilung S. 284f. §§ 8f. (der auf Grund dessen den Schlußsatz von § 266 übersetzt: „das Unglück der Hürde wird dem Eigentümer der Hürde begegnen“; dann wäre freilich das Akkadische nicht in Ordnung).

102 Vielleicht כסס; Ungnad in ZA 36 (1925) S. 90, der פסח – heranzieht: Lähmung. Man könnte an „Räude" o. ä. denken, da pasāsum auch „(sich) abscheuern" heißt.

den Rindern und dem Kleinvieh heilen, und gibt [die Tiere] deren Eigentümern.

§ 268

Wenn ein Bürger ein Rind zum Dreschen mietet, so sind 2 l Getreide die Miete dafür;

§ 269

wenn er einen Esel zum Dreschen mietet, so ist 1 l Getreide die Miete dafür;

§ 270

wenn er ein Bock zum Dreschen mietet, so ist 1 l Getreide die Miete dafür.

§ 271

Wenn ein Bürger ein Rind, einen Wagen und dessen Führer mietet, (XXIIIr) so gibt er pro Tag 3 Scheffel Getreide dafür;

§ 272

wenn der Bürger nur den Wagen für sich allein mietet, so gibt er pro Tag 4 l Getreide dafür.

§ 273

Wenn ein Bürger einen Mietling mietet, so gibt er vom Anbeginn des Jahres bis zum fünften Monat 6 Gran Silber pro Tag, vom sechsten Monat bis zum Ende des Jahres gibt er 5 Gran Silber pro Tag.

§ 274

Wenn ein Bürger einen zünftigen Handwerker mietet, so [gi] bt er

als Miete eines [...] 5 Gran Silber,

als Miete eines Ziegelstreichers (?) 5 (?) [Gran Sil]ber,

als M[iete eines Leinenw]ebers (?) [… Gran] Silber,
[als Miete eines Siegelschn]eiders (?) [...] Gran Silber,
[als Miete eines Juweliers (?) [...] Gran Si]lber
[als Miete eines Schm]iedes (?) [... Gran Si]lber,
[als Miete eines] Tischlers 4 (?) Gran Silber,
als Miete eines Lederarbeiters [...] Gran Silber,
als Miete eines Rohrarbeiters [...] Gran Silber,
[als Miete] eines Baumeisters [... Gran Si]lber
[an] 1 [Tage].

§ 275

[Wenn ein B]ürger [ein Langsch]iff (?)[103] mietet, so ist pro Tag 3 Gran Silber die Miete dafür;

§ 276

wenn er ein Ruderschiff mietet, so gibt er pro Tag $2^1/_2$ Gran Silber dafür.

§ 277

Wenn ein Bürger ein Schiff von 18 000 l [Fassungsvermögen] mietet, so gibt er an einem Tage $^1/_6$ [Sekel] als Miete dafür.

§ 278

Wenn ein Bürger einen Diener oder eine Magd gekauft und er/sie, da der Monat noch nicht voll ist, die *bennu*-Krankheit befallen hat, so gibt er (ihn) seinem Verkäufer zurück, und der Käufer nimmt das Silber, das er gezahlt hat, wieder an sich.

103 Wenn man das Wort nach K. 4378 col. vi 7 (DEIMEL, Šumerisches Lexikon II Nr. 122,61) so ergänzen darf. Oder nochmals (vgl. §§ 271f.): „[Wag]en" (?) „[Segelsch]iff" ist nach den Spuren unmöglich.

§ 279

Wenn ein Bürger einen Diener oder eine Magd gekauft hat und er Vindikation erfährt, so kommt sein Verkäufer dem Vindikationsanspruch nach.

§280[104]

Wenn ein Bürger in Feindesland den [früheren (?)] Diener oder die Magd eines Bürgers gekauft hat, dieser nun aber ins Innere des [Heimat-]Landes gelangt ist und der [ehemalige (?)] Herr des Knechts oder der Magd, sei es seinen Knecht oder seine Magd kenntlich gemacht hat, so wird, wenn dieser Knecht oder Magd Landeskinder sind, ohne jedes Silber ihre Freilassung bewirkt;

§ 281

wenn es Kinder des anderen Landes sind, so nennt der Käufer vor dem Gotte das Silber, das er bezahlt hat, und der Herr des Knechts oder der Magd gibt das Silber, das er bezahlt hat, dem Kaufmann[105] und löst (!) seinen Knecht oder seine Magd aus.

---

104 Die in der vorliegenden Gestalt unverständliche Bestimmung setzt mit Schorr in WZKM 22 S. 385ff. und Koschaker, Hammurapi-Studien S. 103 wohl einen Rechtssatz voraus, nach welchem der Verkauf einheimischer Sklaven ins Ausland verboten war. Die weiter verbleibenden Widersprüche beseitigt Koschaker (S. 105) durch Annahme einer Interpolation. Es ergibt sich, wenn man das Ende von § 280 und den Anfang von § 281 streicht, der einen klaren Sinn enthaltende Wortlaut: Wenn ein Bürger in Feindesland den [früheren] Dienstboten eines Bürgers gekauft hat, (dieser) nun aber ins Innere des (Heimat-) Landes gelangt ist und der [ehemalige] Herr des Knechts oder der Magd sei es seinen Knecht oder seine Magd wieder erkannt hat, [Dann folgt die Interpolation] so nennt der Käufer vor dem Gotte das Geld, das er bezahlt hat, und der Herr des Knechts oder der Magd gibt das Geld, das er bezahlt hat, dem Kaufmann und löst seinen Knecht oder seine Magd aus.

105 Als typischem Sklavenhändler.

§ 282

Wenn ein Knecht zu seinem Herrn „du bist nicht mein Herr" gesagt hat, so weist dieser ihn als seinen Knecht nach, und sein Herr schneidet sein Ohr ab.

(XXIVr) Rechtssprüche der Gerechtigkeit,
die Hammurabi, der tüchtige König festgesetzt
und durch die er dem Lande rechte Leitung und gute Führung verschafft hat.
Ich Hammurabi, der vollkommene König,
für die Schwarzhäuptigen,
die Enlil mir geschenkt,
deren Hirtenamt Marduk mir gegeben hat,
War ich nicht säumig,
legte die Hände nicht in den Schoß,
sichere Stätten suchte ich ihnen unaufhörlich,
drückende Drangsale erleichterte ich, Licht ließ ich über ihnen aufgehn.
Mit der starken Waffe, die Zababa und Ischtar mir verliehen,
mit der Einsicht, die Ea mir als Los gab, mit der Tüchtigkeit,
die Marduk mir verliehen, tilgt' ich aus die Feinde oben und unten,
löscht' ich aus die Widerstände, für das Wohlergehen des Lande trug ich Sorge,
Die Einwohner der Ortschaften ließ ich ruhn auf [friedlichen] Auen,
einen, der sie aufscheuchte, ließ ich nicht über sie kommen.
Die großen Götter haben mich berufen:
Ich, der Hirte, der heil erhält, dessen Stab gerecht ist.
Mein guter Schatten ruht über meine Stadt gebreitet,
in meinen Schoß habe ich die Menschen des Landes Sumer und Akkad genommen.
Durch meine Schutzgöttin gediehen sie,

in Frieden sorgte ich für sie,
In meiner Weisheit barg ich sie.
Vom Starken den Schwachen nicht entrechten zu lassen,
der Witwe, der Waise Recht zu verschaffen,
habe ich in Babylon, der Stadt,
deren Haupt Anu und Enlil hoch aufgerichtet haben,
in Esangilla, dem Tempel,
Dessen Grundfesten gleich Himmel und Erde fest stehn,
Recht des Landes zu richten,
Entscheidung des Landes zu entscheiden,
dem Entrechteten Recht zu verschaffen,
meine wertvollen Worte auf meinen Denkstein geschrieben
und vor meinem Bildnis als König der Gerechtigkeit festgelegt.
Ich, der König, der unter den Königen überragend ist.
Meine Worte sind erlesen, meine Tüchtigkeit hat nicht ihresgleichen.
Auf Geheiß Šamašs,
des großen Richters von Himmel und Erde,
werde meine Gerechtigkeit im Lande offenbar!
Auf das Wort Marduks, meines Herrn,
sollen meine Aufzeichnungen keinen Verächter bekommen!
In Esangilla, das ich lieb habe,
werde mein Name in Ehren
(XXVr) für ewig ausgesprochen!
Der entrechtete Bürger,
der in einen Rechtshandel gerät,
trete vor mein Bildnis
„König der Gerechtigkeit“,
und dann lese er meinen Schriftstein,
und er höre meine wertvollen Worte,
und mein Denkstein kläre ihm seinen Rechtshandel,
seinen Rechtsspruch soll er ersehen, sein Herz aufatmen lassen [denn]:

„Hammurabi, der Herr,
der wie ein leiblicher Vater,
den Menschen [zur Seite] ist,
auf das Wort Marduks, seines Herrn, hin hat er sich gebeugt
und den Kampfeswunsch Marduks oben und unten erreicht,
das Herz Marduks, seines Herrn, erfreut;
dazu Wohlergehen den Menschen auf ewig als Los bestimmt,
dazu das Land recht geordnet. Dies (?) soll er sagen
und vor Marduk, meinem Herrn, und Zarpanitum, meiner Herrin,
aus vollem Herzen mir Segen spenden.
Der Schutzgott, die Schutzgöttin, die Götter, die Esangilla betreten, das Ziegelwerk von Esangilla,
mögen meinen Ruf täglich vor Marduk, meinem Herrn, und Zarpanitum, meiner Herrin, gut machen.
Bis zum Ende der Tage, für immerdar
bewahre der König, der im Lande ersteht,
die Worte der Gerechtigkeit, die ich auf meinen Denkstein geschrieben habe.
Das Recht des Landes, das ich gegeben habe,
die Entscheidungen des Landes, die ich gefällt habe,
soll er nicht ändern, meine Aufzeichnungen nicht beseitigen.
Wenn dieser Mann
bedacht hat und sein Land recht zu ordnen vermag,
so achte er auf die Worte, die ich auf meinen Denkstein geschrieben habe.
Wandel und Führung,
Das Recht des Landes, das ich gegeben habe,
Die Entscheidungen des Landes, die ich gefällt habe,
weise ihm dieser Denkstein.
Seine Schwarzhäuptigen leite er recht,
ihr Recht wende er an, ihre Entscheidung fälle er,
aus seinem Lande tilge er den Ruchlosen und Bösen, für das Wohlergehen seiner Menschen trage er Sorge.

Hammurabi, der König der Gerechtigkeit,
dem Šamaš das Rechte geschenkt hat, ich.
Meine Worte sind erlesen,
meine Taten haben nicht ihresgleichen,
Nur für den Toren sind sie leer[106],
dem Weisen (XXVIr) bewunderungswürdig und hervorragend[107].
Wenn dieser Mann
meine Worte, die ich auf meinen Denkstein geschrieben, achtet
und mein Recht nicht beseitigt, meine Worte nicht verdreht, meine Aufzeichnungen nicht ändert,
so möge diesem Manne gleich mir, dem König der Gerechtigkeit,
Šamaš seinen [Herrscher-]Stab lang machen, seine Menschen möge in Gerechtigkeit er führen.
Wenn dieser Mann
Auf meine Worte, die ich auf meinen Denkstein geschrieben, nicht achtet,
meine Flüche gering schätzt und die Flüche der Götter nicht fürchtet,
Sondern das Recht, das ich gegeben, austilgt,
meine Worte verdreht,
meine Aufzeichnungen ändert,
meine Namensschrift löscht,
dafür seinen Namen hinschreibt,
wegen dieser Flüche
einen anderen anstiftet,
so möge diesem Mann,
sei er König, sei er Fürst,
sei er Stadtfürst oder sonst irgendeiner,
der mit Namen sich nennt,

106 Vgl. Dossin in Proceedings of the Seventeenth International Congress of Orientalists, Oxford 1928 S. 55.

107 Dazu J. Lewy, Studien zu den altassyrischen Texten (1922) S. 78 a.

Anu, der große, Vater der Götter, der Verkünder meines Herrschertums,
die Glorie des Königtums nehmen, seinen [Herrschafts-]Stab zerbrechen, seine Schicksale verfluchen!
Möge Enlil, der Herr,
der die Schicksale bestimmt,
dessen Geheiß nicht geändert wird, der mein Königtum erhob,
unerstickbare Wirren, Verzweiflung, die zu seinem Untergang führt[108], in seiner Wohnstätte ihm entfachen!
Möge eine mühevolle Herrschaftszeit, Tage der Dürftigkeit,
Jahre der Hungersnot, unerhellbare Finsternis,
Tod des Augenlichts zum Schicksal ihm bestimmen!
Möge Untergang seiner Stadt, Zerstreuung seiner Menschen, sein Königtum umwandeln,
im Lande keinen Fortbestand seines Namens und Andenkens mit dem Gewicht seines Mundes aussprechen!
Möge Ninlil, die große Mutter,
deren Geheiß im Ekur als wichtig gilt, die Fürstin, meine gütige Fürsprecherin,
am Orte des Urteils und der Entscheidung vor Enlil seine Sache schlecht machen!
Seines Landes Vernichtung, seiner Menschen Untergang, seines Lebensodems Ausgießung wie Wasser
möge sie in den Mund Enlils, des Königs, legen!
Möge Ea, der große Fürst,
dessen Geschicksbestimmungen vorangehen,
Weiser unter den Göttern, der aller Dinge kundig ist,
der Verlängerer (XXVIIr) meiner Lebenstage,
Sinn und Verstand ihm benehmen,
in Vergessenheit ihn dahin führen,
seine Flüsse an der Quelle verstopfen,

---

108 Wohl gab + ra(h) „Brustschlagen". Anders Meissner in AJSL 47 (1931) S. 164f.

in seinem Gebiet Getreide, der Menschen Lebensunterhalt, nicht gedeihen lassen!
Möge Šamaš, der große Richter von Himmel und Erde,
Rechtordner der Lebewesen, der Herr, meine Zuversicht,
sein Königtum stürzen,
sein Recht nicht richten,
seinen Pfad verwirren,
das Fundament seiner Truppen ins Wanken bringen,
bei seiner (Opfer-)schau schlimmes Vorzeichen
von der Entwurzelung seines Königtums
und dem Untergang seines Landes ihm bereiten!
Das heillose Wort des Šamaš,
geschwinde möge es ihn erreichen,
oben unter den Lebenden ihn entreißen,
drunten in der Erde seinen [Toten-]Geist nach Wasser lechzen lassen!
Möge Sin, Herr des Himmels, der Gott, mein Erzeuger,
dessen Sichel[109] unter den Göttern klar sich zeigt,
ihm Krone und Stuhl des Königtums wegnehmen,
schwere Strafe, seine große Sühne,
die an seinem Leibe nicht vergeht, ihm auferlegen,
und die Tage, Monate, Jahre seiner Regierungszeit,
unter Mühsal und Klagen ihn beenden,
den Widersacher des Königtums ihn schauen lassen,
ein Leben, das mit dem Tode gleich kommt, zum Schicksal ihm bestimmen!
Möge Adad, Herr von Überfluß,
der „Deichgraf" von Himmel und Erde, mein Helfer,
die Regenfluten am Himmel,
das Übersprudeln an der Quelle
ihm wegnehmen,

109 Sin ist der Mondgott; seine Sichel ist auch ein Zeichen der Strafgewalt.

sein Land in Hunger und Gier vernichten,
über seine Stadt hin zornbebend hallen,
ein Land zur Halde der Sintflut wandeln.
Möge Zababa, der große Krieger,
der Erstlingssohn von Ekur,
schreitend zu meiner Rechten,
am Orte der Schlacht seine Waffe zerbrechen,
den Tag zur Nacht ihm verwandeln,
und seinen Feind auf ihn treten lassen!
Möge Ištar, die Herrin von Kampf und Wehr,
die da zückt meine Waffe, meine gnädige Schutzgöttin,
die da liebt mein Herrschertum, mit ihrem grimmigen Herzen,
mit ihrem großen Grolle verfluchen sein Königtum!
Sein Gutes möge zum Bösen sie kehren,
(XXVIIIr) an der Stätte von Kampf und Wehr seine Waffe zerbrechen,
ihm Wirrsal, Empörung bereiten,
seine Krieger niedermachen, tränken mit ihrem Blut die Erde,
die Leichen seiner Truppen
auf dem Felde ihm auftürmen,
seinen Truppen Erbarmen
nicht gewähren;
ihn selbst in
möge sie die Hand seines Feindes überantworten,
und ins Feindesland ihn gebunden führen!
Möge Nergal, der Mächtige unter den Göttern,
Wehr ohne Widerpart, der mich meinen Wunsch erreichen läßt,
mit seiner großen Waffe gleich dem wütenden Feuer im Röhricht[110] seine Menschen versengen!

---

110 Die nur als Bruchstück erhaltene jungassyrische Variante Bu. 91-5-9, 221 rs liest hier anders. Anstelle von „Feuer" hat sie „Schlinge", wohl infolge Verwechslung eines altbabylonischen Zeichens. Das Übrige bleibt unklar.

Mit seiner mächtigen Waffe möge er ihn spalten,
seine Glieder wie ein tönernes Bildnis zerschmettern!
Möge Nintu, die hehre Fürstin der Länder,
die Mutter, meine Erzeugerin,
den Erbsohn ihm wegnehmen,
einen Namen[sträger] ihn nicht bekommen lassen,
inmitten seiner Menschen
menschlichen Samen nicht zeugen!
Möge Ninkarrak, die Tochter Anus,
meine Fürbitterin in Ekur,
eine schwere Krankheit,
einen bösen Asakku-Dämonen,
eine schlimme nässende Hautkrankheit, die sich nicht beruhigt,
deren Wesen ein Arzt nicht kennt,
die mit Verbänden man nicht beschwichtigt,
die wie ein tödlicher Biss nicht behandelbar ist,
in seinen Gliedern hervortreten lassen.
Daß, bis sein Leben erlischt, über (Verlust) seine(r) Manneskraft er jammere!
Mögen die großen Götter von Himmel und Erde,
die Anunnaki in ihrer Gesamtheit,
der Schutzgott des Hauses, das Ziegelwerk von Ebabbar
auf ihn selbst, seinen Samen,
sein Land, seine Leute,
seine Menschen und seine Truppen
den schlimmen Fluch sie fluchen.
Diese (?) Flüche
Möge Enlil mit seinem Ausspruch,
der nicht mehr verändert wird,
auf ihn fluchen: dann mögen eilends sie ihn erreichen!

Register

Bezüglich weiterer Auskunft über die Realien der antiken Zweistromland-Kultur sei der Leser auf B. Meissners Werk: Babylonien und Assyrien (I: 1920; II: 1925), das auch sorgfältige Stichwortverzeichnisse enthält, hingewiesen.

Adad (Baraman), der Wettergott, verehrt u. a. in Bīt-karkara (s.d.) mit dem Tempel E'udgalgal Col. III Ende, XXVIIr, §§ 45, 48

Adoption § 185ff.

Aja, die Gemahlin des Šamaš (s.d.) Col. II

Akkad

1. Uralte Stadt in Nordbabylonien mit Haupttheiligtum der Ištar namens Eulmaš Col. IV, Markt-Akkad *(A. rebitim)* ist Beiname wie Hürden-Uruk *(U. supūrim),* wobei die grammatische Beziehung unklar bleibt (Genetiv-Attribut oder Apposition?). „Markt", das wäre nach dem Ideogramm *(sil-dagalla)* „Breite Straße", also „Bazar". Daher Jensen in OLZ 32 (1929) Sp. 645f.: „(an) der breiten (Heer-)Straße"; die hebräische Etymologie רחב (Delitzsch, HWB u.a.) spricht freilich mehr für „Platz" als „Bazar" (vgl. Gesenius-Buhl s.v.), doch steht diese selbst nicht unbedingt fest, da die Wurzel רחב dem Akkadischen fremd ist (dafür רפש) und die Form *rebitu* ebenso wohl an רבע denken läßt, also eigentlich „Geviert" (dem englisch *square* zu vergleichen wäre).
2. Zugleich Landschaftsbezeichnung für das nördlichere Babylonien; Sumer (s.d.) und Akkad = Gesamtbabylonien Col. V Anfang, XXIVr

Amme § 194

Anatozismus, Verbot des A. [§ 93]

Änderung des Rechtsspruchs (Urteils) § 5, des Pachtvertrages § 48, 52, wo im Nachsatze mit Koschaker, Abhandlungen der Sächsischen Akademie der Wissenschaften Phil.-historische Klasse 42_1 (1931) S. 98 der Kaufmann Subjekt ist

Anefang (Anfassen einer abhandengekommenen Sache durch den rechtmäßigen Besitzer unter Einhaltung bestimmter Formvorschriften, mit oder ohne Spurfolge (s.d.), bzw. das durch diese Handlung eröffnete Gerichtsverfahren) § 7ff.; vgl. §§ 280f.

Anpflanzung eines Baumgartens §§ 60ff.

Anu, urspr. oberer (Himmels-)Gott, verehrt besonders im Eanna-Tempel zu Uruk in Gemeinschaft mit Ištar Col. I, II, XXIVr, XXVIr, XXVIIIr

Anunnaki, in unserer Inschrift stets die Anu unterstellten Götter mit den dem Enlil untergebenen Igigu zusammen Gesamtbezeichnung aller Götter. Col. I Anfang, XXVIIIr

Arbeitsaufwand §§ 47, 49; vgl. Leipziger rechtswissenschaftliche Studien 65 S. 43ff.

Arbeitsvertrag s. Miete, Werkvertrag

Arzt §§ 206ff. (Bezahlung), 215ff. (Operation), 221ff.; (Heilung eines Knochenbruches oder einer Sehne), 224ff. (Tierarzt)

Asakkum, ein Dämon, der eine Kopfkrankheit erzeugt Col. XXVIIIr

Assur, gemeinsame Bezeichnung für die alte dem gleichnamigen Gotte geweihte Residenzstadt (heute Qal'at Scher-qāt) am oberen Tigris (Col. IV), sowie für das sie umgebende Land Assyrien

Augenverletzung §§ 215ff., 218, 220

Auslösung eines Kriegers § 32, einer verkauften Magd § 119, von Sklaven § 281, s.a. Freilassung

Ausreißen des Auges als (Symbol-)Strafe § 193

Babylon, am Euphrat in Nordbabylonien gelegen, seit Hammurabi Hauptstadt Babyloniens, mit dem Tempel Esangila, Kultort Marduks. Col. I Anfang, II Anfang, IV, V Anfang, XXIVr, § 182

Balgerei § 206ff.

Barziba (Borsippa, heute Birs Nimrud), Schwesterstadt südlich von Babylon mit dem dem Nabu geweihten Ezida, Col. III Anfang

Baumeister §§ 228ff., 274

Baumgarten (Dattelpflanzung) passim, bes. §§ 59ff.

Befruchtungsarbeit, wörtlich das „Aufsitzen, Reiten lassen" sc. der männlichen Palmblüte auf der weiblichen § 64f., vgl. MEISNER, Babylonien und Assyrien I

Beförderungsvertrag § 112

Begnadigungsrecht des Mannes gegenüber der Frau bei Ehebruch § 129

Beihilfe zur Flucht von Sklaven § 15

Brotfrucht Col. XXVIIr Anfang

Bürger passim, Übersetzung des akkadischen *awīlum* – vollfreier Mann (als welcher auch der König gilt), Col. XXVr, XXVIr für „Mann", s.a. Stände

Bürgerin § 110

Bürgerschaft Col. XXVIr

Bürgersohn, Bezeichnung der Angehörigkeit zum Bürgerstand, z.B. § 251

Challab (Ḫallab) in Chaldäa (noch nicht sicher identifiziert), Kultstätte der Ištar, Col. III, vgl. LEWY in: ZA 38 (1929) S. 266[6]

Chirurg s. Arzt

Dagan (der Dagon der Bibel), ein westsemitischer, aber schon früh vom babylonischen Pantheon rezipierter Gott, der hauptsächlich am mittleren Euphrat verehrt wurde, Col. IV

Damgalnunna (oder Damkina), die Gemahlin Eas, Mutter Marduks, Col. IV

Darlehen §§ 48ff., [88ff.], vgl. auch §§ 98, 99ff., bes. 102; s.a. Schuldverpflichtung, Pfand u.ä.

Datteln, nächst Getreide die wichtigste Frucht des Landes, §§ 66; 237

Deich (bei Bewässerung der Felder) § 53

„Deichgraf" (Inspektor) versuchsweise Übersetzung von *gugallum* (aus sumerisch *gú-gal*), einem mythologischen Titel (hier von Adad), dessen eigentliche Bedeutung später verblasst, Col. XXVIr

Depositum s. Verwahrung

Diebstahl an Tempel- oder Palastgut §§ 6, 8, eines Kindes § 14, Fiktion des Diebstahls §§ 9f., während eines Brandes § 25, von Soldatengut § 34; s.a. Einbruch, Felddiebstahl, Raub, Unterschlagung, Untreue

Dienstmiete und Dienstvertrag s. Miete von Personen

Dilbat (Lesung unsicher), vielleicht Tell ed-Duleim, nicht weit südlich von Barziba, Kultstadt Uraschs. S. E. UNGER in: Archiv Orientální 3 (1931) S. 21ff. Col. III

Einbruch mittels Loches in der Mauer: §§ 21; [76] (?), 125, mittels Übersteigens § [76], 125 (eines Mauerloches)

einklagbarer Anspruch, *(rugummû,* gegenüber *buqurrû)* s. Vindikation; wird versagt durch die §§ 115, 123, 250; Das Zwölf- bzw. Fünffache des e. A. §§ 5, 12

Ekišnugal, „Haus des großen Lichts", Tempel des Sin in Ur

Ekur, „Berghaus", später vielfach „Tempel" schlechthin, Name des Enlil-Heiligtums in Nippur (s.d.). Col. I Ende, XXVIr, XXVIIr, XXVIIIr

Emaḫ, Tempel der Göttin Nintur in Adab, Col. III Ende

Emašmaš, Heiligtum der Ischtar von Ninive, Col. IV Ende

Emete'ursag, Tempel des Zababa und der Ištar in Kiš, von dessen Neubau die Formel des 36. Regierungsjahres Hammurabis berichtet, Col. II Ende

Emischlam s. Mischlam

Eninnū, „Haus der Fünfzig" (Zahl des Enlil), Heiligtum des Enlil-Sohnes Ningirsu (= „Herr von Girsu") in Girsu, einem Stadtteil von Lagaš, Col. III

Enlil, ursprünglich der Gott der festen Erde, dann ebenso wie Anu Herr der Welt überhaupt, dessen Enlilutu (s. Gottesvormacht) freilich auf Marduk überging; Tempel: Ekur in Nippur Col. I, XXVIr, XXVIIIr Ende

Enterbung wegen Erbunwürdigkeit § 168f., vgl. noch § 158, des Adoptierten § 191 (1/3 als Vorrecht), s. a. Verstoßung

Entschädigung (z.T. mit Strafcharakter) §§ 23ff.; 53ff. S. a. u. Ersatzleistung

Entu, sehr vornehme Priesterin, „Hohepriesterin", die wohl in der Regel unverheiratet und zur Keuschheit verpflichtet war, daher die Ehe mit ihr einer Nebenfrau (Kebse) bedurfte. Vgl. LANDSBERGER in: ZA 30 (1915/16) S. 71ff. §§ 178f., 110, 127

Epidemie („Eingriff des Gottes") im Viehhof § 266

Erbengemeinschaft vorausgesetzt in den §§ 165ff., tritt unmittelbar mit dem Erbfall ein und wird regelmäßig sofort von den Miterben durch Teilung gelöst, s. aber §§ 178ff.: Der Nachlaß gewisser Hierodulen bleibt den Brüdern gemeinschaftlich verfangen.

Feldpacht §§ 42ff.

Feldwebel, wohl = *dekûm* – der aufbietet; vielleicht aber auch Offizier von höherem Rang, §§ 33ff.

Feldzug des Königs, eigtl. „Weg des Königs" (zum Ausdruck vgl. ZIMMERN, Akkadische Fremdwörter, S. 9) §§ 26ff., 32

Feuer § 25, Col. XXVIIIr

Feuertod s. Verbrennen

Findelkind §§ 186f.

Finger ausstrecken zum Zeichen übler Nachrede §§ 127, 132

Fischer s. Netzkämpfer

Flucht von Sklaven §§ 15-17.

Fluß Col. XXVIIr Anfang, s.a. Euphrat

Fluß(gottheit) Ordal §§ 2, 132

Frauenklassen s. Hierodulen

Freilassung der Kebse und ihrer Kinder nach dem Tode des Mannes § 171, der verpfändeten Frau und Kinder nach drei Jahren § 117, von ins Feindesland verkauften Landeskindern § 280

Freiwillige Gerichtsbarkeit s. Vormundschaftliche Gerichtsbarkeit; „Tor"

Fremdes Lehen s. Sonderlehen

Gabe, Bezeichnung des Lohnes eines Baumeisters § 228, eines Schiffers für Abdichten § 234, vielleicht gehört auch § 34 mit dem Sold des Soldaten hierher, falls dort nicht einfach das Geschenk gemeint ist; ferner Bezeichnung des Vorausvermächtnisses eines Lieblingssohnes § 165

Gartenbauer vgl. bes. §§ 60ff., der Bebauer einer Dattelpflanzung, hier nur als Fremdbesitzer (Pächter); die babylonische Landwirtschaft gliederte sich in Garten- und Feldbau; daher ist unser Ausdruck „Gärtner" irreführend (am ehesten darf der „Weinbauer" verglichen werden). Wenn sich Königsgeschlechter auf einen G. zurückführen (vgl. Enlilbani von Isin, aber auch Sargon von Akkad), so soll dies nur ihre bäuerlich-einfache Herkunft dartun

Gartenpacht §§ 60ff.

Gattenmord § 153

§§ 57f., 244, 249, 262-266; des Käufers §§ 10, 280; des Beutelträgers §§ 101-103; für Sachmängel §§ 235, 267, 278; für Rechtsmängel §§ 9ff., 279ff.; des Mieters von Tieren §§ 245-249; des Pächters §§ 42f., 45; des Pfandgläubigers § 116; des Schiffbauers § 235; des Schiffführers §§ 236f., 240; für stößige Tiere §§ 250-252; des Verkäufers §§ 9, 279-281; des Verwalters (?) § 256

Halbpacht § 46

Halsgericht, d.h. Prozeß auf Leben und Tod § 3

Ḫammurabi, König der Stadt Babylon (etwa 1728—1686), sechster und bedeutendster Herrscher der 1. Dynastie von Babylon (etwa 1830—1531), Sohn des Sinmuballiṭ (Col. IV Ende), Besieger Rim-Sins von Larsa (etwa 1758-1699) und damit Alleinherrscher in Babylonien. Die Deutung des Namens ist noch unsicher, jedenfalls weder *kīmtum rapaštum* „ausgebreitete Familie“ (d. h.*ʿ*ammu-rabiḫ* (so die Etymologie der babylonischen Gelehrten), noch etwa identisch mit dem Amraphel von Genesis 14. Lies wohl mit Th. BAUER, Ostkanaanäer (1926) S. 19, 61 und bes. S. 53f.: *Hammu-rabi* „der Onkel(gott) ist groß“. Außer der dort zitierten Literatur s. etwa noch D. D. LUOKENBILL in JAOS 37 (1917) S. 250ff.; W. F. ALBRIGHT in AJSL 38 (1921/2) S. 140f.; A. DAVID in RA 21 (1924) S. 151ff.; Th. BAUER in ZA 38 (1929) S. 163a und die dortige Literatur. Col. I; XXIVrAnfang, XXVr

Handel, insbes. Reisehandel §§ 98ff, wohl auch § 112

Handwerker s. Gildenhandwerker, Baumeister, Schiffer; § 274 erwähnt Ziegelstreicher (?), Leinenweber (?), Siegelschneider (?), Juwelier (?), Schmied (?), Tischler, Lederarbeiter, Rohrarbeiter und Baumeister (s.a. diese)

Hauptmann, herkömmliche Wiedergabe des sumerischen *nu-bān-da,* woraus akkadisch *luputtû* (POEBEL, Sumerische Grammatik § 64), ursprünglich wohl „der Zweite“, der Stellvertreter des PA (LANDSBERGER), § 33f.

Haus (Miete u.a.) §§ 67ff,; Leben §§ 30ff., [71]

Hausbau §§ 228ff.

Hauseinsturz §§ 229ff.

Inanna (sumerisch) s. Ištar

iniuria, s. die in den §§ 195ff. zusammengefaßten Tatbestände; ferner u. Verleumdung und die dortigen Verweise

Inzest s. Blutschande

Ištar (westsemitisch *Išḫara*, sumerisch Inanna), Tochter Sins und Gemahlin des Anu, Göttin der leidenschaftlichen Liebe und des Kampfes, eine der wichtigsten Gestalten des akkadischen Pantheons, auf deren Gunst sich der König daher besonders beruft (Col. V Anfang); Heiligtümer: Eanna in Uruk (zusammen mit Anu) Col. II, E'ulmaš in Akkad. Col. IV, als Telitu verehrt in Ḫallab, Col. III, Emaš maš in Ninive. Col. IV, als Gemahlin des Zababa verehrt im Emete'ursag zu Kiš und Eḫursagkalamma, Col. II Ende

Isin (heutiges Ishan al-Bahriyat, südlich von Nippur; s. MEISSNER, Babyl. u. Assyr. II S. 491) zunächst durch Rim-Sin von Larsa (etwa 1961) und später durch Ḫammurabi in dessen 7. Regierungsjahr erobert, worauf der Prolog anspielt (Col. II); Kultort der Ninkarrak mit dem Tempel Egalmaḫ

Juwelier (?) § 274 (Mietlohn)

Kalkulation *(apšitû)* § 46 (Teilung nach Verhältnis)

Kauf ohne Zeugen und vertragliche Abmachungen (Fiktion des Diebstahls) §§ 7, 9ff.; Sklavenkauf §§ 278ff.

Kaufeigen (gekauftes Vermögen im Gegensatz zum ererbten) dies wohl der eigentliche (später verblaßte) Sinn von *namkuru* (s. Leipziger rechtswissenschaftliche Studien Heft 65 (1931) S. 18S), falls damit das hier stets begegnende Ideogramm *níg-ga* richtig wiedergegeben (s. UNGNAD in KU II S. 154 a), sowohl bewegliches (§§ 6, 125, 177, 191, 232, 235) wie auch unbewegliches Gut (§§ 165ff., 170ff., 183 — es handelt sich um den feststehenden Begriff *níg-ga é ab-ba,* s. Vaterhaus); in der vorliegenden Übersetzung: Besitz, Mittel, Gut — s. dagegen Habe

Kaufmann, Wiedergabe des Ideogramms *dam-gàr* = *tamkaru*, wirtschaftlich einflußreichster Stand, Geldgeber, (Pfand-) Gläubiger, ja sogar Steuereinzieher; ihm untergeordnet ist der Beutelträger (s.d.), vgl. Leipziger rechtswissenschaftliche Studien 65, S. 5[5], 10, 186; OLZ 34 (1931) Sp. 923[1]; Vertrag mit dem

Mietling Ersatzmann im Kriege § 26, Landwirtschaftlicher Lohnarbeiter § 273

Mine, Gewicht von etwa 500 g, unterteilt in 60 Sekel (s.d.)

Mišlam (Abkürzung für Emischlam)

1. Tempel des Erra/Nergal (s.d.) in Kuta, daher dessen Name Mišlam-ta'ea, d. h.: der aus M. hervorgeht. Col. III Anfang
2. ein Tempel in Maškanšabri. Col. IV Anfang

Mißernte §§ 45, 48

Mitgift *(šeriktu)* §§ 142, 144, 149, 162, 167 (den Kindern verfangen); 163 (fällt bei Kinderlosigkeit ans Vaterhaus zurück), 183 (bedeutet Abschichtung und Ausschluß vom Erbrecht bei einer Šugîtu), 184 (Pflicht der Brüder gegenüber der Šugîtu bei Tod des Vaters)

Mittel s. Kaufeigen

Mord(schuld) § 1, s.a. Raubmord

Nachbarrecht §§ 53ff. (Feld), [76] (Haus)

Naditu, teils im Kloster (s.d.), teils außerhalb desselben wohnende hochrangige Priesterin; die letztere, falls dem Marduk geweiht, konnte heiraten, blieb aber kinderlos; *naditu* heißt „die Brachliegende; Kinderlose", daher ihnen entweder eine Šugîtu (s.d.) oder eine Sklavin (s. Kebse) zum Zwecke der Kindererzeugung mitgegeben wurde; vgl. LANDSBERGER in ZA 30 (1915/6) S. 67ff., §§ 137, 144ff., 182 (des Marduk, mit Erbvorrecht)

Nebenehe s. Kebse

Netzkämpfer, wohl historische Soldatenklasse, so etwa die Wiedergabe des Ideogramms SU. HA, welches seinerseits akkadisch *bä'irum* – Fänger (so EBELING) heißt, sowohl von Fischen wie von anderem Getier, §§ 26ff. Von dieser Bedeutung ausgehend übersetzten UNGNAD und WINCKLER „Leichtbewaffnete", MEISSNER „Jäger". Es könnte sich auch um Besitzer von Fischerboten handeln, welche sie samt ihrer Person für die Streitmacht zur Verfügung stellten. Eine eigene Marine ist erst für spätere Jahrhunderte bezeugt (vgl. Reliefdarstellungen).

Ninazu, nach Namen und Emblem (Schlangenpaar sich um einen Stab windend) der Arzt unter den Göttern. Col. IV

Ende; XXVr Ende, XXVIIr; dagegen nicht Eigenname, sondern „Sonne“ in Col. V Anfang

Schankwirtin *(sābitu)* §§ 108ff.

Scheidegeld *(uzubbû,* in OLZ 34 (1931) Sp. 928[1] nachzutragen) §§ 139, 141

Scheidung §§ 137ff.

Schenkung auf Todesfall s. Testament. s. Gabe

Scherer §§ 226f.

Schiff s. Ruderschiff, Langschiff (?), Segelschiff; Schiffer, Schiff von 60 Kor § 277 (Miete)

Schiffer §§ 234ff.

Schläge als Strafe §§ 202ff.

Schlagen der Wange eines Höhergestellten usw. §§ 202ff., des Vaters durch den Sohn § 195, einer Schwangeren §§ 209ff.

Schleifen durch Vieh als Strafe für den ungetreuen Verwalter(?) § 256

Schmied (?) § 274 (Mietlohn)

Schriftform § 7, vgl. § 104, s.a. Siegelurkunde, Siegeltafel, vertragliche Abmachungen, Tafel

Šugitu, niedere Priesterin, als Nebenfrau einer Naditu (s.d.) vielfach mitgegeben; daher heiratsfähig und imstande, Kinder zu gebären, vgl. LANDSBERGER in: ZA (1915/16) S. 68ff., §§ 137, 144ff.

Schuldverpflichtung §§ 117, 119, 38f.

Schutzgott, Übersetzung von akkad. *šēdu* (hebräisch-aramäisch שידאשיד), wohl der in Form geflügelter Genien, später geflügelter Stier- und Löwenkolosse vor Palast- und Tempeltoren dargestellte Dämon; es ist hier nur an einen den Menschen freundlich gesinnten *š.* Gedacht, Col. XXVr; XXVIIIr Ende

Schutzgöttin, Übersetzung der hier nur femininisch begegnenden *lamassu,* einer dem *šēdu* (s. Schutzgott) ähnlichen, dem Menschen jedoch stets freundlich gesinnten Dämonin. Col. IV (Schutzgöttin der Stadt Assur); XXIVr, XXVr, XXVIIr Ende, (Bezeichnung der Ištar)

Sklaven, Geschäftsfähigkeit § 7, s.a. Magd, Kebse; S. des Königs, Hof- und Palastsklaven §§ 15f., 175f., dagegen i. S. v. Untertan in § 129

Sklavenflucht §§ 15ff.

Sklavenkauf §§ 7, 278ff.

(Sklaven-)Mal. Über diese noch immer unaufgeklärte *abbut-tu,* wohl eine bestimmte Haartracht, s. zuletzt David, Adoption, S. 48ff., §§ 146, 226f.; sie konnte abgeschoren werden und steht damit im Gegensatz zu dem neubabylonischen Brauch, den Namen oder ein anderes Zeichen *(šimtu)* des Eigentümers auf das Handgelenk des Sklaven zu schreiben; vgl. San Nicolo-Ungnad, Neubabylonische Rechts- und Verwaltungs-Urkunden I S. 100f., O. Krückmann, Babylonische Rechts- und Verwaltungs-Urkunden aus der Zeit Alexanders und der Diadochen (Berliner Dissertation 1931) S. 18[12] u.a.

Sold bedeutet vielleicht Gabe (s.d.) in § 34

Soldat §§ 26 ff.

Sonderlehen (eigentlich: fremdes Lehen) § 40; zum Eintreten des Sachbegriffes für die Person vgl. das zum Begriff Ziehkind Bemerkte.

Sonderrecht des unverheirateten Erbsohnes § 166, der Naditu des Marduk § 182

Speicherungsvertrag §§ 120f.

Spurfolge (*vestigii minatio* – die einem Bestohlenen zustehende Haussuchung beim Verdächtigen unter Einhaltung bestimmter Formvorschriften) §§ 7ff., vgl. §§ 280f., s. Anefang

Stab, d.h. Szepter (es ist gerade), zu den Herrscherinsignien gehörig (Bild vom Hirtenamt des Königs), Col. III, XXIVr, XXVIr, wo die Länge des Szepters lange Regierungsdauer bedeutet

Stände. Im *status libertatis*: der Bürger *(awīlu)*, im Status *servitutis* Knecht und Magd (Sklave und Sklavin, *wardu* und *amtu,* beide *aštapiru* Gesinde § 278ff.), wohl im Hörigkeitsverhältnis: der Untergebene, *muškenu* (ein Wort, das, ursprünglich den *προσκυνων* – das Niederfallen bezeichnend, in andere semitische Sprachen als „(bettel)arm“ entlehnt wurde); Landsberger unterscheidet dabei den *m.* im Gegensatz zum *awīlu* und den

Epiklese der Ištar (s.d.), vgl. Landsberger in: ZA 30 (1915/16) S. 68

Tempel s.u. den einzelnen, mit E- (sumerisch *é* bedeutet „Haus“) beginnenden Tempelnamen

Testament, nur in Gestalt einer Verschreibung unter Lebenden *(tuppi šimtim)* §§ 38f., 150 (Ehefrau und Tochter), §165 (Erbsohn)

Testierfreiheit § 179, der Marduk-Naditu § 182

Tierarzt §§ 224

Tierschaden (Schaden durch Tiere), § 250, als höhere Gewalt behandelt, anders §§ 251f., ferner § 57f. (Schaden an Tieren s. §§ 224f., 244ff., 263ff., 33f.)

Tischler § 274 (Mietlohn)

Todesstrafe §§ 1ff., 6ff., 14ff., 19, 21f., 26, 97, 109, 130, s.a. Verbrennen, Pfahl, Ertränken, Schleifen durch Vieh

Tor § 227, Tor auch einstweilen für *bābtu* (über dies Wort zuletzt Landsberger in ZA 39 (1930) S. 293), vielleicht ein von gewissen Geschlechtern bewohnter Stadtbezirk (wie *δημος)* mit einem bestimmten Tore, dann diese Geschlechter selbst als Coetus mit gerichtlichen Kompetenzen (vgl. hebräisch רֶעַשׁ, bes. Ruth 3,11), § 126 (falsche Anzeige ihm gegenüber, wohl unter Voraussetzung einer Gemeindehaftung), § 142 (Zuständigkeit im Eheprozeß), § 251 (Schaden durch vorschriftswidrigen Zustand eines stößigen Rindes innerhalb der gemeinsamen Herde)

Transportgeschäft § 112

Tutu, eigentlich Beiname Marduks selbst (vgl. VII. Tafel des Weltschöpfungsepos), bezeichnet hier dessen Sohn Nabū, den Schreibergott, der im Ezida zu Barziba verehrt wurde. Col. III Anfang

Tutul, wohl am mittleren Euphrat (s.d.), etwa beim heutigen Hit, Col. IV

Überschwemmung durch höhere Gewalt § 45 (bei Pacht), § 48 (bei Zinsdarlehensschuld), durch Nachlässigkeit bei der (künstlichen) Bewässerung §§ 53ff.